IRRÉSISTIBLES BAGUES DE PERLES

ÉDITIONS FRANCE LOISIRS

Remerciements

Nous remercions Tout à Loisirs de nous avoir fourni
le nuancier de référence couleurs et le matériel ayant
servi dans ce livre.

Adresses

Loisirs et Création
Adresses des 12 points de vente
Loisirs et créations au 01 41 80 64 00

La Droguerie
9-11, rue du Jour
75001 Paris
Tél. : 01 45 08 93 27

Tout à Loisirs
50, rue des Archives
75004 Paris
et vente par correspondance
Tél. : 01 48 87 08 87

Direction éditoriale : Meriem Varone
Édition : Hélène Pouchot, avec la collaboration de Sandrine Andrews
Relecture : Madeleine Biaujeaud
Mise en pages et illustrations : P.A.C. studio@pakenko.com
Photographies : Cactus Studio - Fabrice Besse
Stylisme : Sonia Roy
Couverture : P.A.C. studio@pakenko.com - Véronique Laporte
Coordination technique : Anne Raynaud
Photogravure : Arts Graphiques du Centre

Édition du Club France Loisirs, Paris
Avec l'autorisation des Éditions Larousse

Éditions France Loisirs,
123, boulevard de Grenelle, Paris
www.franceloisirs.com

ISBN : 2-7441-8089-0
N° éditeur : 42903
Dépôt légal : mars 2005

Les modèles de ce livre sont des créations originales de :
- Véronique Narcy (pp. 14-17 ; 30-31 ; 34-37 ; 46-47 ; 52-55) ;
- Marielle Eloy (pp. 12-13 ; 22-26 ; 28-29 ; 32-33 ; 42-45 ; 48-49 ; 56-57 ; 60-63) ;
- Dominique Mabileau (pp. 10-11 ; 20-21 ; 38-39 ; 58-59) ;
- Isabelle Delhaye (pp. 18-19 ; 26-27 ; 40-41 ; 50-51).

Ils ne peuvent en aucun cas être reproduits à des fins d'exposition ou de vente.

Sommaire

Définition des symboles

★ *Débutant*

★★ *Moyen*

★★★ *Confirmé*

DES **BAGUES** ÉTINCELANTES

QUATRE CRÉATRICES, QUATRE STYLES

Irrésistibles, ces bagues le sont par l'éclat des perles, des couleurs, par l'inventivité de leur dessin, et grâce au talent de quatre créatrices.

Véronique Narcy crée des bagues en choisissant minutieusement ses coloris telle une mosaïste. Avec des perles de rocaille de couleurs vives, elle invente des bijoux où les fleurs rivalisent de beauté et de fraîcheur avec celles des jardins.

Dominique Mabileau élève le bijou fantaisie au rang de la joaillerie. Dans ses montages simples, seuls importent les jeux de lumières et de reflets pour créer à chaque fois des bijoux spectaculaires et éclatants.

Marielle Eloy aime les perles de cristal qu'elle coordonne et assemble selon de délicats et ingénieux montages. Justesse des formes, harmonies des tons donnent à ses bagues la noblesse des bijoux anciens.

Isabelle Delhaye réinterprète les bijoux classiques pour créer des modèles tout en volumes. Elle aime mêler les styles et redonner vie à des perles récupérées. Exubérants, étincelants, ses bijoux semblent surgis des contes des Mille et Une Nuits.

MATÉRIEL

QUEL FIL CHOISIR

Les fils servent de support aux perles et constituent la structure de la bague. De leur choix dépendent la solidité et l'aspect final de la bague.

Les fils de Nylon existent en plusieurs couleurs et épaisseurs. Solides, souples et discrets, ils vous permettront de réaliser des bagues légères — à la structure invisible — s'adaptant facilement au doigt.
Si vous les utilisez avec des toupies, veillez, lorsque vous tirez les fils, à ne pas créer de frottement entre la perle et le fil qui pourrait se casser.

Les fils métalliques de laiton (doré, argenté ou noir) ou d'argent sont plus cassants que le fil de Nylon. Ils sont cependant très agréables à travailler et permettent de donner une forme plus rigide à la bague.
Pour des raisons de coût, vous pourrez remplacer le fil d'argent par du fil de laiton argenté.

LES OUTILS

La pince coupante
Elle permet de couper facilement le fil de fer quelle que soit son épaisseur. Pour couper le fil de Nylon, de simples ciseaux suffisent.

La pince plate
C'est la pince de l'électricien.
Choisissez-la fine, afin de saisir le fil lors du montage.

La pince à bouts ronds
Cette pince vous permettra de réaliser des petits anneaux pour les strass à fixer sur les bagues.

LES ÉLÉMENTS DE FIXATION

Les clous de jonction
Ce sont de petites tiges de métal, qui servent à réaliser des petits anneaux pour certaines perles.

Le support de bague
Il est composé de deux parties, d'un anneau et d'un socle perforé dans lequel vous ferez passer les fils de Nylon. Vous en trouverez en métal argenté ou doré, ovale ou rond.

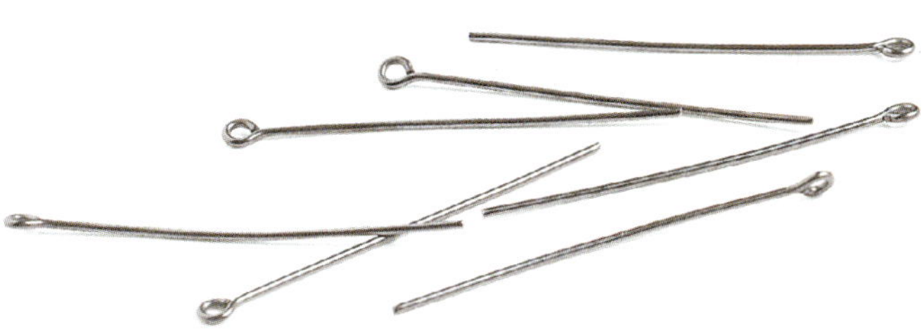

LES PERLES

Les perles de rocaille
Ce sont de toutes petites perles de verre, de métal ou de cristal, transparentes ou opaques. Il en existe plus de 350 coloris. Elles sont en général rondes, mais certaines sont moins régulières.
Si vous souhaitez réaliser un modèle tout de rocaille, il est conseillé de mélanger des perles de même couleur mais de provenances diverses.
Les bains de couleurs n'étant jamais les mêmes, les légères différences de tonalité donneront une bague plus vivante, plus irisée, accrochant davantage la lumière. Veillez aussi à les alterner de manière irrégulière.

Les toupies
Ce sont les reines de ces bagues de perles. Elles ressemblent en effet à de petites toupies. Elles servent à la réalisation du motif central et non de l'anneau car le contact des angles est désagréable sur le doigt.
En plastique, verre ou cristal, les plus célèbres sont celles en cristal appelées Swarovski, fabriquées par l'entreprise fondée au XIXe siècle par Daniel Swarovski. Ce dernier mit au point en 1892 la première machine capable de tailler le cristal avec précision.
Elles sont en général disponibles en 5, 6 et 8 mm. Les modèles les plus sculpturaux seront réalisés avec des toupies de 8 mm.

Les perles à facettes
De différentes tailles et coloris, elles peuvent être en cristal, en verre ou en plastique. Leurs facettes jouent avec la lumière, elles peuvent selon la taille être employées pour le motif central ou l'anneau. Pour les différencier des perles rondes, sachez qu'elles ont une forme légèrement ovale.

Les perles rondes
Ce sont, comme leur nom l'indique, des perles simples de forme ronde ; elles peuvent être en cristal, en verre ou en plastique, et comporter des facettes. Selon leur taille, elles sont employées soit pour le motif central, soit pour l'anneau.

Les gouttes
Comme leur nom l'indique, ce sont des perles en forme de goutte. Vous en trouverez à facettes, ou sans.
Elles peuvent être en cristal, en verre ou en plastique.

Les rondelles
Ce sont de petites pièces rondes, peu épaisses, évidées, souvent en métal, que l'on peut intercaler entre des perles rondes ou à facettes.
Elles permettent de souligner avec élégance le motif central de la bague. Certaines sont serties de strass cristal, Jet, d'autres sont en argent vieilli ou doré.

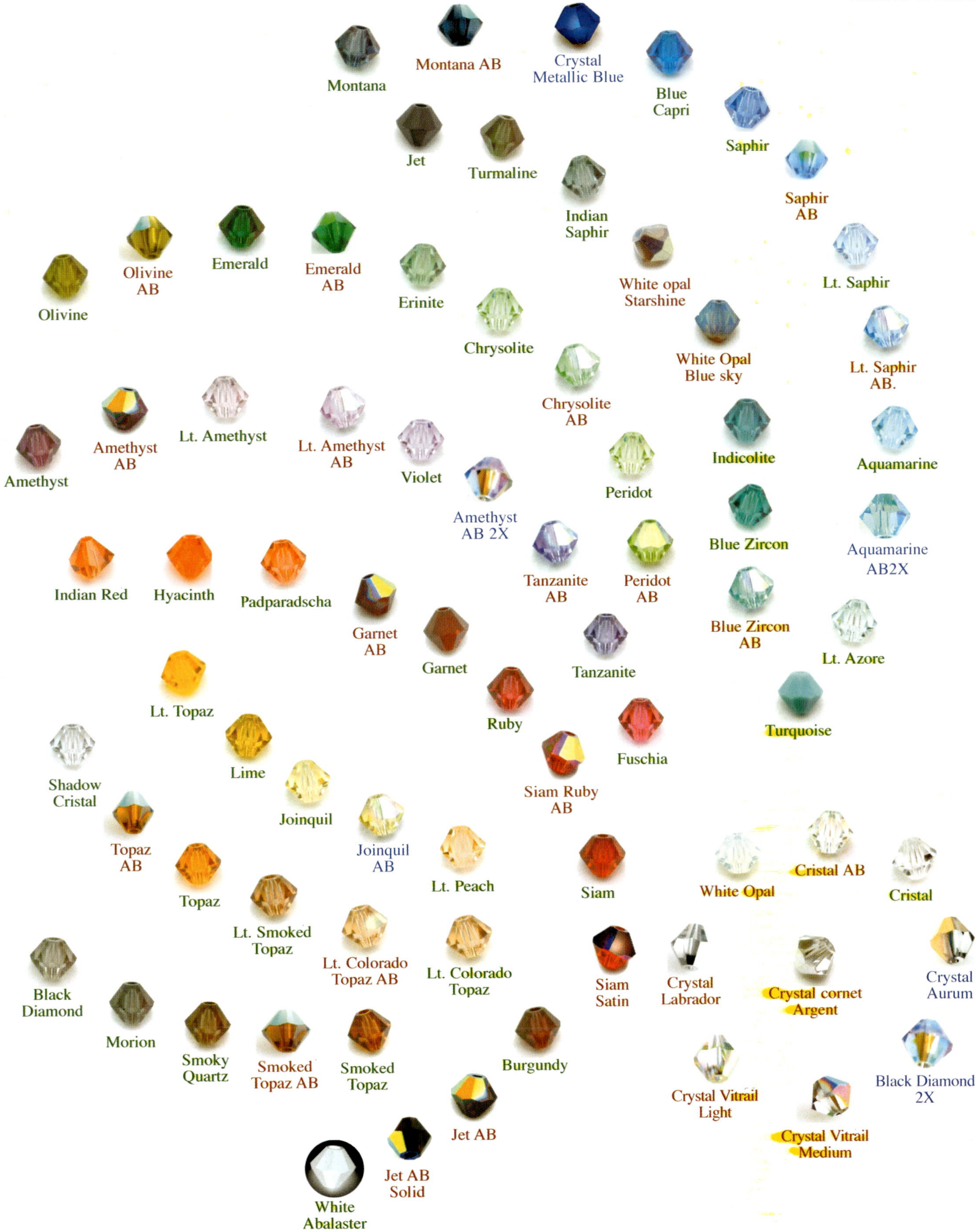
Montana
Montana AB
Crystal Metallic Blue
Blue Capri
Saphir
Saphir AB
Jet
Turmaline
Indian Saphir
Olivine
Olivine AB
Emerald
Emerald AB
Erinite
Chrysolite
White opal Starshine
Lt. Saphir
White Opal Blue sky
Lt. Saphir AB.
Chrysolite AB
Amethyst
Amethyst AB
Lt. Amethyst
Lt. Amethyst AB
Violet
Amethyst AB 2X
Peridot
Indicolite
Aquamarine
Blue Zircon
Aquamarine AB2X
Indian Red
Hyacinth
Padparadscha
Garnet AB
Garnet
Tanzanite AB
Peridot AB
Blue Zircon AB
Tanzanite
Lt. Azore
Lt. Topaz
Ruby
Fuschia
Turquoise
Shadow Cristal
Lime
Siam Ruby AB
Topaz AB
Joinquil
Joinquil AB
Lt. Peach
Siam
White Opal
Cristal AB
Cristal
Topaz
Lt. Smoked Topaz
Lt. Colorado Topaz AB
Lt. Colorado Topaz
Siam Satin
Crystal Labrador
Crystal cornet Argent
Crystal Aurum
Black Diamond
Morion
Smoky Quartz
Smoked Topaz AB
Smoked Topaz
Burgundy
Crystal Vitrail Light
Black Diamond 2X
Jet AB
Crystal Vitrail Medium
Jet AB Solid
White Abalaster

CONSEILS

Les schémas vous guideront tout au long de cet ouvrage.
Le texte n'est présent que lorsqu'il s'agit de compléter le dessin qui ne peut pas toujours tout expliquer. La réalisation d'une bague est avant tout visuelle ; en identifiant les perles par leur dessin, leur couleur et en reproduisant le parcours des fils, vous pourrez suivre pas à pas le processus de réalisation.

Les bagues de Véronique Narcy sont constituées de plusieurs éléments assemblés par couture et nécessitent plusieurs fils de métal, c'est pourquoi, pour ces bagues, le texte sera davantage présent pour vous aider. Quant aux bagues de Dominique Mabileau, de Marielle Eloy et d'Isabelle Delhaye, réalisées avec un seul et même fil, le parcours est aisé à reproduire, et se suit d'un simple coup d'œil.

Commencer une bague

Que vous ayez choisi de reproduire ou de créer des modèles avec fil de Nylon ou fil de métal, il vous faudra toujours commencer par placer les premières perles au milieu du fil.
La flèche noire vous indique l'endroit où commence l'assemblage.

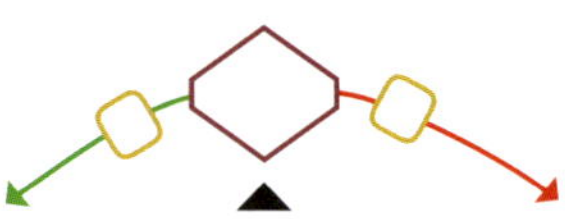

Suivre les schémas

Les perles indiquées en blanc sont les perles entrant en jeu pour la première fois dans la réalisation de la bague. Les perles grisées sont celles déjà en place, elles permettent de suivre la forme, et l'évolution de la bague.

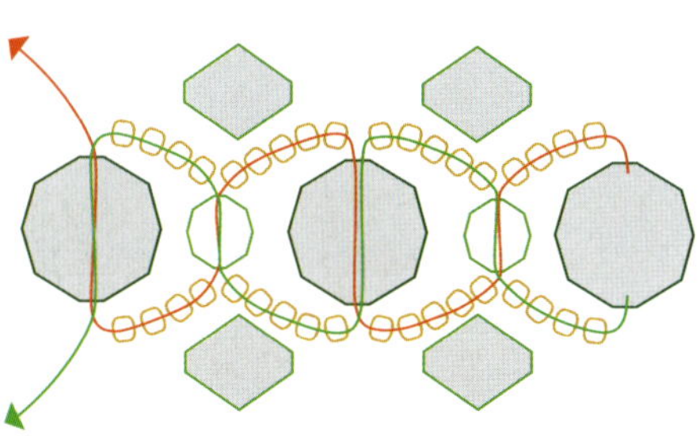

Croiser les fils dans une ou plusieurs perles

Sur chaque schéma, vous verrez les fils se croiser dans les perles. C'est une technique de « tissage » très utilisée pour les bagues de perles, vous la maîtriserez rapidement et y aurez recours continuellement. Elle est surtout utilisée pour la réalisation des anneaux, mais pas seulement.

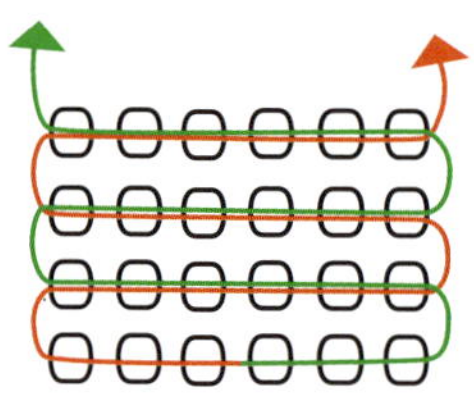

Réaliser un anneau

Les anneaux sont réalisés la plupart du temps avec des perles de rocaille, des perles à facettes ou des perles rondes. Nous n'avons pas toujours indiqué toutes les perles des anneaux dans les schémas car la longueur de l'anneau dépend de la taille du doigt. Mais vous aurez en général besoin de 6 à 10 perles à facettes de 3 mm et de 24 à 40 perles de rocaille. Comme sur le schéma, il s'agit de croiser les fils pour obtenir une petite bande de perles.

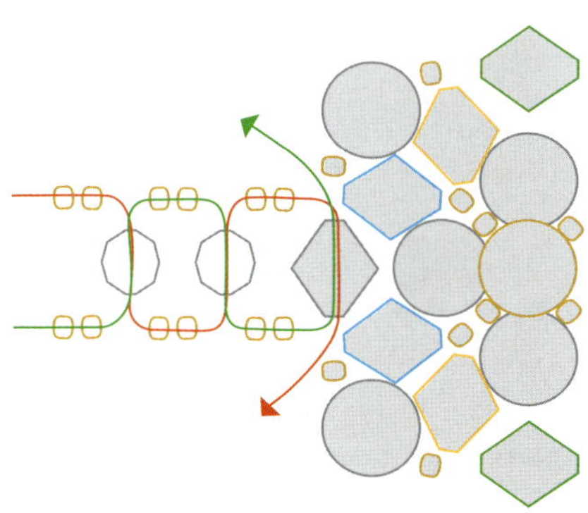

Terminer une bague

Fil de métal

Une fois l'anneau terminé, croisez les deux fils dans le premier rang, puis dans les rangs suivants. Coupez le fil restant au ras d'une perle et enfoncez-le un peu dans la perle pour qu'il ne dépasse pas. Vous verrez sur les schémas des flèches vertes et rouges en pointillé, elles indiquent l'endroit où attacher les fils à la fin du montage. Vous pouvez aussi couper les fils de laiton noir ou argenté en les entortillant, ils se casseront juste au bord de la perle.

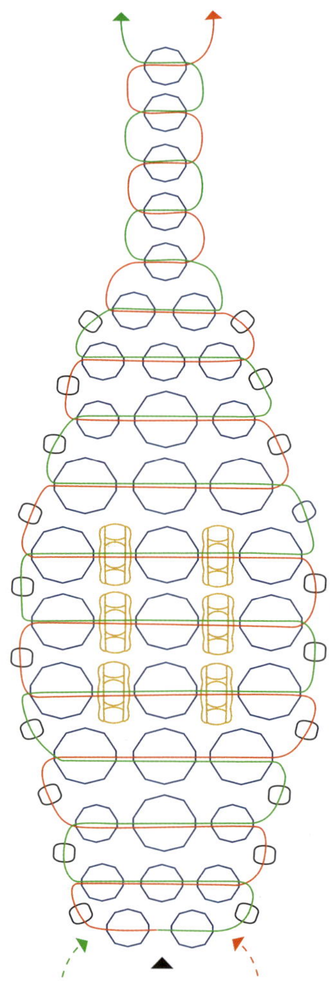

Fil de Nylon
L'anneau formé, rattachez les deux fils de l'autre côté de la base de la bague, repassez les fils dans chaque rang de l'anneau pour le consolider, puis faites un nœud que vous dissimulerez dans les perles. Placez éventuellement une légère pointe de colle sur le nœud.
N'hésitez pas, si vous en avez le temps et la patience, à repasser les fils dans l'anneau pour le consolider avant de le fermer.

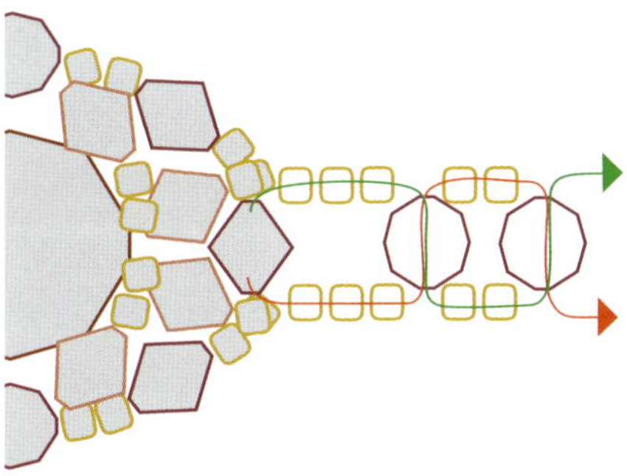

Réparer et consolider une bague

Il n'existe pas vraiment d'astuces pour réparer une bague sur fil de Nylon ou de métal. Si elle se casse, il faut la refaire. Cependant, vous pouvez consolider les bagues réalisées avec du fil de laiton, en tressant une bordure en fil noir. Pour cela, prenez un fil de laiton noir, enfilez-le au milieu d'un rang, passez le fil dans les perles puis en sortant par l'un des côtés, commencez à tisser une bordure à la bague comme sur le schéma. Une fois l'un des côtés de la bague achevé, faites la même chose de l'autre côté.

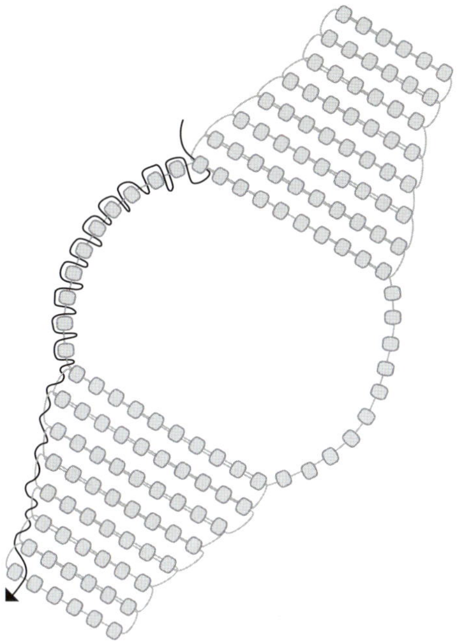

CRÉEZ VOS MODÈLES

Après avoir réalisé quelques-uns des modèles proposés, vous souhaiterez sans doute créer vos propres bagues.

Avant de commencer voici quelques étapes à suivre :

Dessiner un modèle
Si vous n'avez pas encore acheté de perles, dessinez votre modèle. Aidez-vous pour cela des modèles proposés dans le livre.
Cette étape vous permettra de réfléchir à la taille des perles, à leur forme, et bien entendu à leur couleur ! N'hésitez pas à utiliser des crayons de couleurs ou des feutres pour mettre en forme vos idées. Vous éviterez ainsi de mauvaises surprises (surplus de perles achetées, couleurs incompatibles, manque d'éclat, disproportions...).

Choisir les couleurs
Une planche de plus de 70 couleurs, présentée page 7, vous permettra de repérer facilement vos couleurs, de dessiner vos modèles et de formuler avec précision vos choix lors de l'achat.
Cette nomenclature vous sera très utile car les termes sont valables pour les autres perles.
Afin de mieux constater des harmonies ou des dissonances de couleurs, placez quelques perles dans le creux de votre main. Selon vos goûts et votre style, vous oserez les contrastes de couleurs ou préférerez des tonalités douces.
Pour mettre en valeur une couleur, associez celle-ci à une autre couleur qui en proportion supérieure soulignera la première.

Inventer d'autres formes
La forme bombée d'une bague peut être donnée non seulement par la taille des perles, mais aussi en serrant plus ou moins les fils passant autour de la base comme c'est le cas pour la bague Tortue.
La forme carrée ou rectangulaire est dictée par la forme de la perle centrale (Papillon ou Odalisque), ou par le choix du motif. Avec le modèle Carré, en répétant la base carrée proposée, vous obtiendrez une autre bague carrée plus volumineuse, et en reprenant le motif six fois, vous créerez un grand rectangle.

ALLIANCES*

Jouez sur les transparences et les éclats pour ces anneaux remarquables au montage simple et élégant.

FOURNITURES DE L'**ALLIANCE SIMPLE**

- 32 perles à facettes shadom cristal, 4 mm
- 32 perles à facettes shadom cristal, 3 mm
- 32 perles de rocaille métal argent, 2,5 mm
- 32 rondelles strass Jet sur argent, 4 mm
- Environ 80 cm de fil de laiton, 0,25 mm

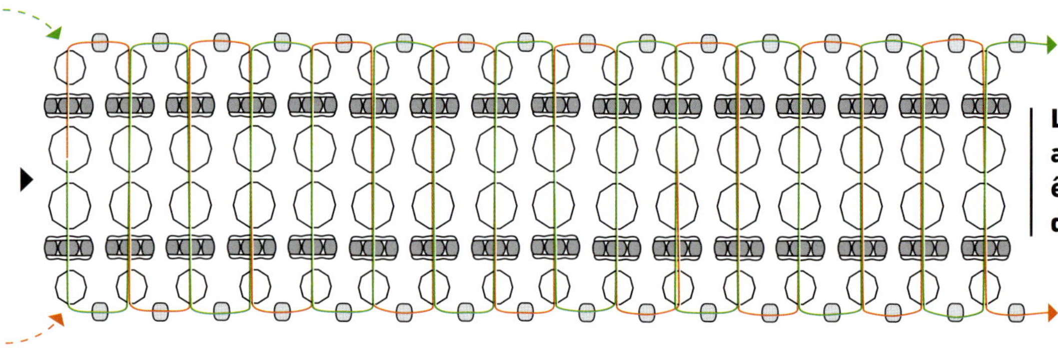

Les rondelles strass Jet, assez coûteuses, pourront être remplacées par des rondelles métal.

FOURNITURES DE L'**ALLIANCE BOMBÉE**

- 12 perles à facettes cristal aurore boréale, 6 mm
- 24 perles à facettes cristal labrador, 4 mm
- 48 perles de rocaille métal argent mat, 2,5 mm
- 24 rondelles métal argent vieilli, 6 mm
- Environ 80 cm de fil de laiton, 0,25 mm

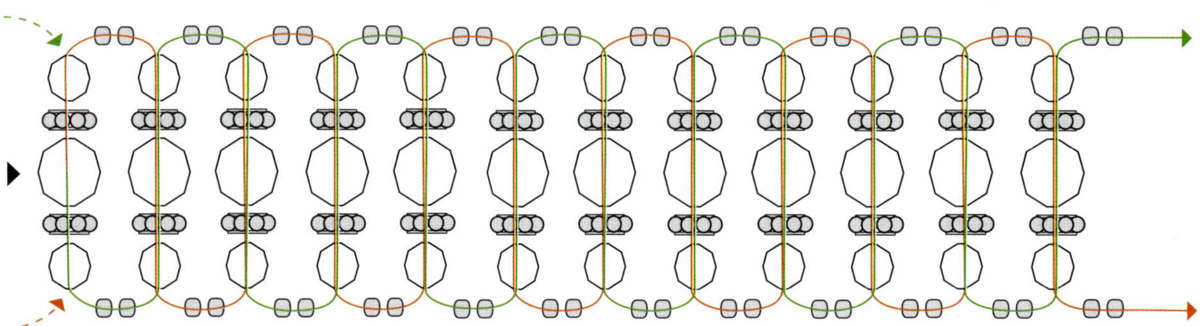

PRINCESSE★★

Des lignes classiques qui, conjuguées à des tonalités acidulées, donneront un bijou très tendance.

FOURNITURES

- 1 perle ronde à facettes, 10 mm
- 14 toupies cristal, 4 mm
- 8 à 12 perles à facettes, 4 mm
- 1 tube de perles de rocaille
- Environ 80 cm de fil de Nylon, 0,25 mm

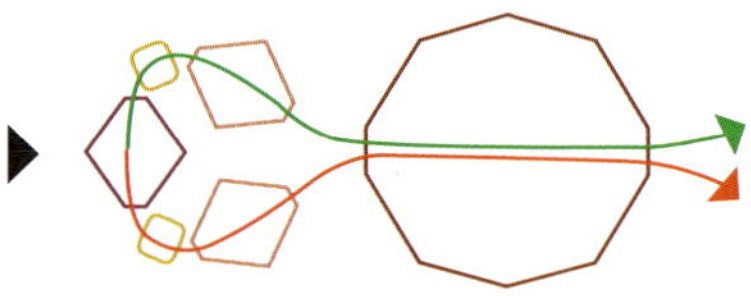

1

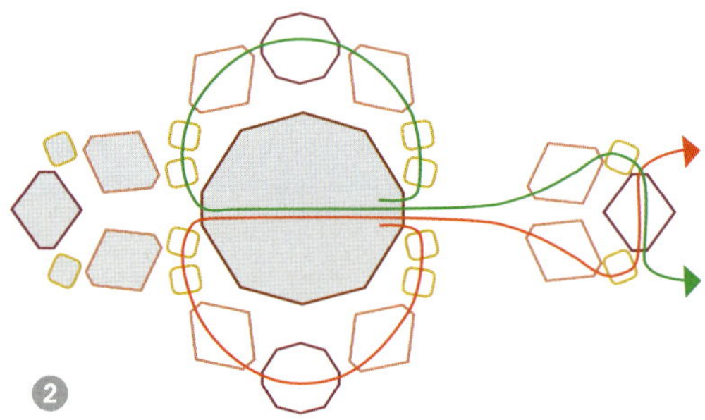

2

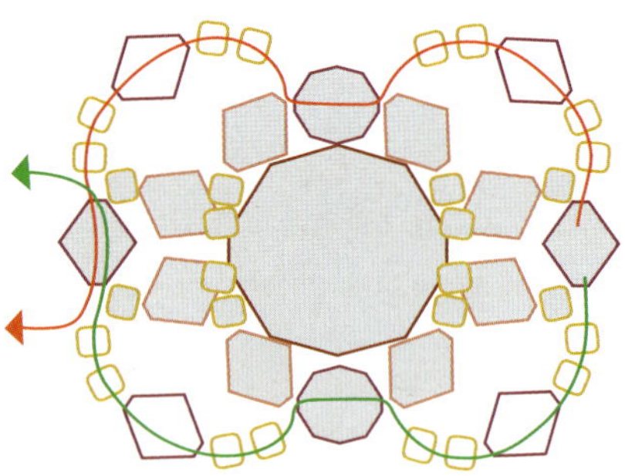

3

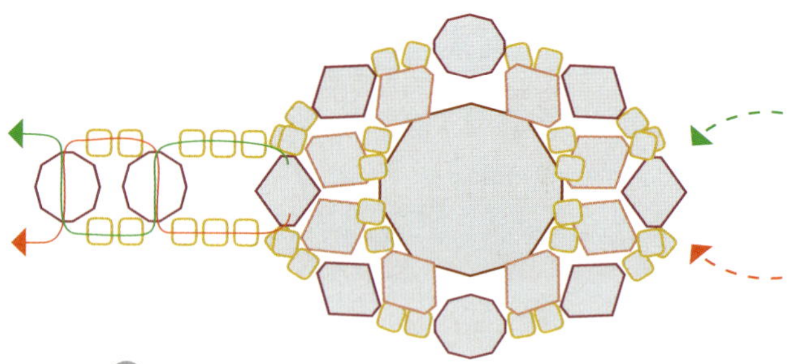

4

DÔME★★★

Une divine bague dôme qui, si l'on resserre les rangs de perles de son centre, se transformera en une majestueuse bague conique.

FOURNITURES

- **5 perles de rocaille grises, 2,5 mm**
- **Environ 90 perles de rocaille translucides parme, 1 mm**
- **Environ 90 perles de rocaille translucides grises, 1 mm**
- **41 perles de rocaille turquoise, 2,5 mm**
- **Environ 80 cm de fil de laiton argenté, 0,25 mm**
- **Environ 1,50 m de fil de laiton noir, 0,25 mm**

Le dôme

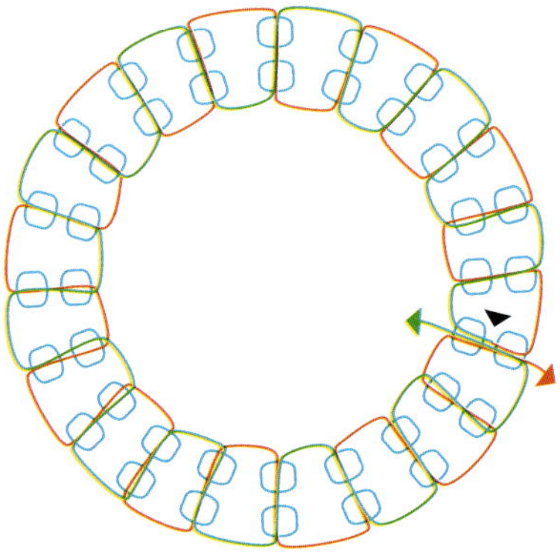

Motif 1

1. Réalisez un motif circulaire de 20 rangs de perles de rocaille turquoise avec un fil de laiton noir de 20 cm comme sur le schéma.

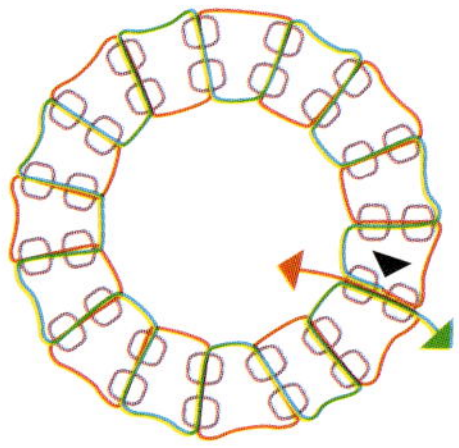

Motif 2

2. Réalisez un second motif circulaire légèrement bombé de 15 rangs de perles de rocaille parme avec un fil de laiton noir de 20 cm.

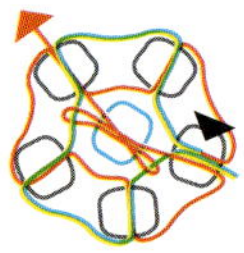

Fleur

3. Pour réaliser le centre du dôme, créez une fleur légèrement bombée de 5 pétales avec des perles de rocaille grises et un fil de laiton noir de 10 cm. Arrêtez les fils en les enfilant dans un rang. Coupez au ras à l'extérieur du motif, conservez le fil au centre, et enfilez-y une perle de rocaille turquoise.

4. Pour coudre ensemble ces trois motifs, utilisez un fil de laiton noir de 20 cm. Passez le fil dans un rang du motif 1 et laissez dépasser 1 cm. Disposez le motif 2 au centre du motif 1 et cousez le motif 1 au motif 2. Puis assemblez la fleur au centre du motif 2 en suivant le même procédé.

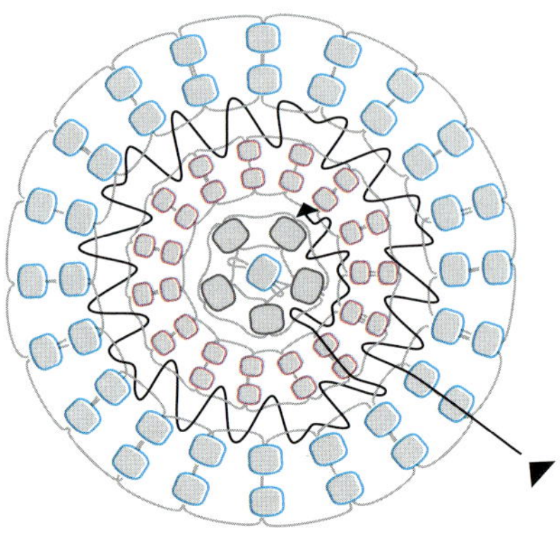

L'anneau

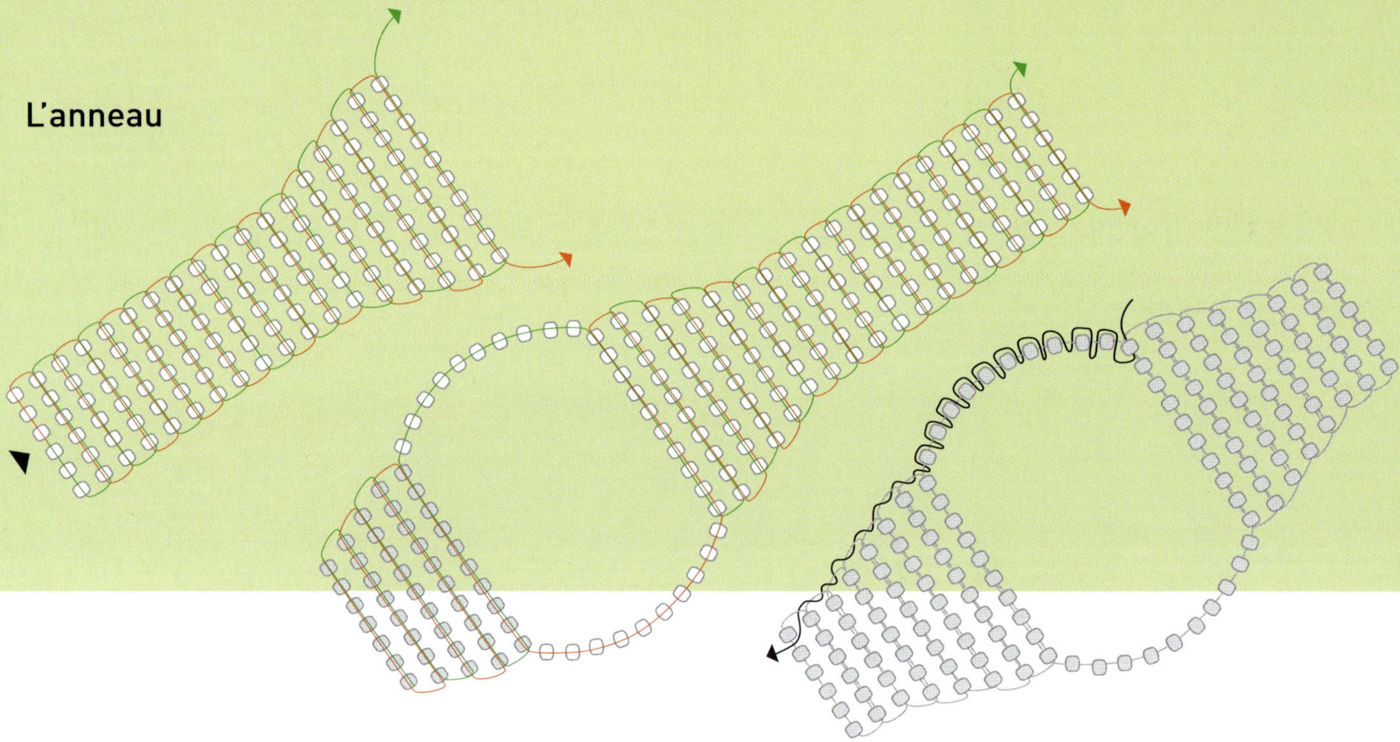

1 Pour réaliser l'anneau, utilisez un fil argenté de 80 cm, des perles de rocaille translucides grises et des perles de rocaille parme à disposer comme sur le schéma.

2 Pour créer la partie circulaire, enfilez sur chaque fil 10 perles de rocaille. Puis enfilez sur l'un des fils 10 autres perles de rocaille et croisez l'autre fil dans ces 10 perles. Puis faites la deuxième partie de l'anneau, en disposant les perles comme sur le schéma.

3 Pour parfaire l'anneau, faites une bordure avec un fil de laiton noir de 40 cm en le passant autour du rang de 10 perles en haut de l'anneau, et continuez en bordant l'anneau. Faites la même chose de l'autre côté.

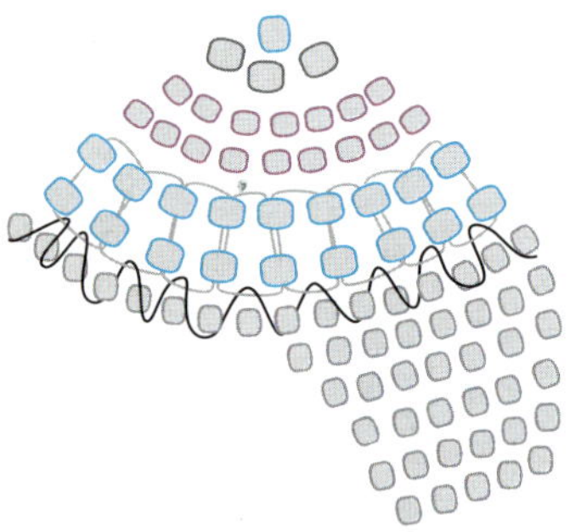

4 Enfin assemblez le dôme sur l'anneau avec un fil de laiton noir de 30 cm.

Ce dôme pointu (ou cône) est réalisé avec 7 perles de rocaille péridot (vert tendre), 14 de couleur violette, 42 de couleur prune, et environ 150 de couleur parme opaques et translucides pour l'anneau. Pour obtenir l'effet pointu, réalisez des motifs circulaires plus bombés.

VARIANTE : CAMÉE***

FOURNITURES

- **55 perles de rocaille grises, 3 mm**
- **53 perles de rocaille translucides mauves, 2 mm**
- **1 perle ronde à facettes translucide bleue, 4 mm**
- **Environ 1 m de fil de laiton argenté, 0,25 mm**
- **Environ 1,50 m de fil de laiton noir, 0,25 mm**

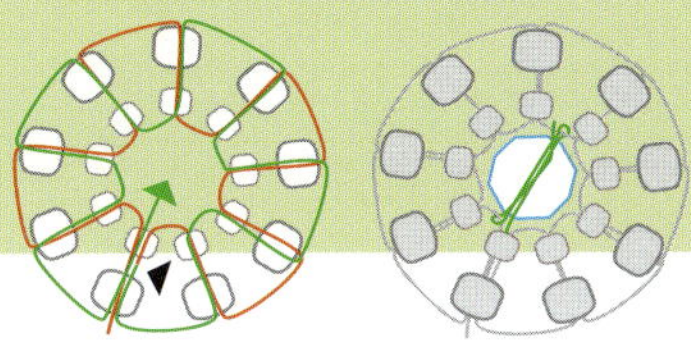

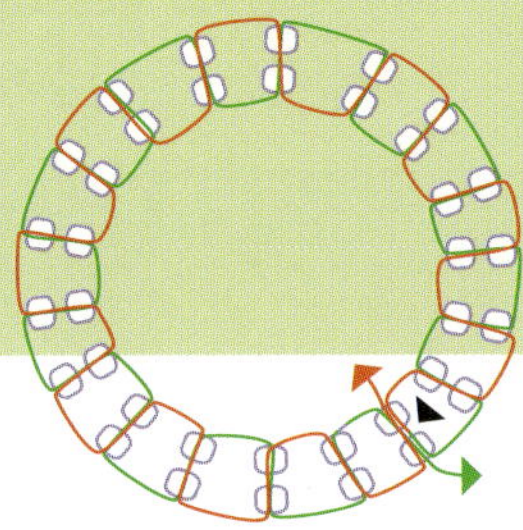

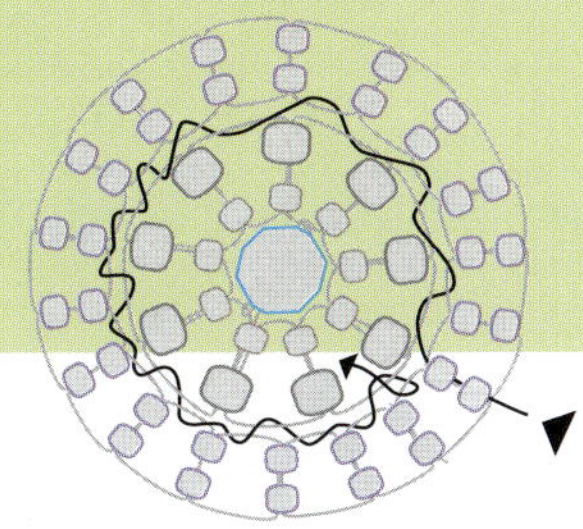

Motif 1

1 Réalisez un motif circulaire de 9 rangs avec des perles de rocaille grises et mauves et un fil de laiton noir de 15 cm. Coupez le fil extérieur, puis, sur le fil intérieur, enfilez une perle à facettes translucide bleue. Ensuite passez celui-ci entre des fils des perles du cercle de 9 rangs et repassez dans la perle centrale, puis coupez.

Motif 2

2 Réalisez un second motif circulaire de 22 rangs avec des perles de rocaille mauves et un fil de laiton noir de 70 cm.

3 Pour assembler les deux motifs (motif 1 au centre du motif 2), enfilez un fil de laiton noir de 20 cm dans un des rangs du motif 1 en laissant dépasser 1 cm, puis cousez avec le fil le plus long comme sur le schéma.

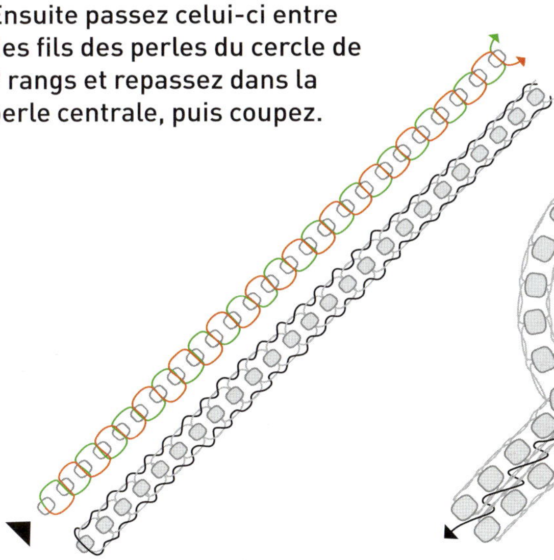

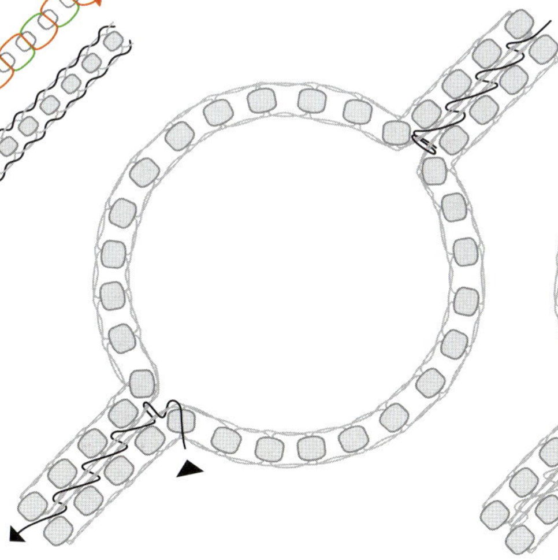

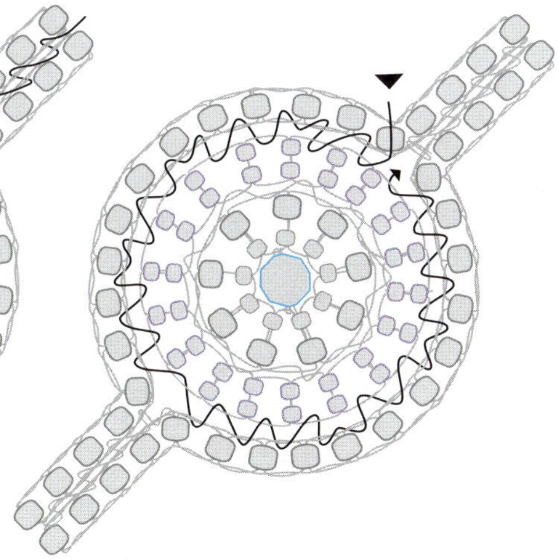

4 Réalisez deux anneaux de perles de rocaille grises, de 20 à 25 rangs selon la taille du doigt, avec un fil de laiton argenté de 50 cm. Puis bordez-les de fil noir.

5 Assemblez les deux anneaux avec un fil noir de 15 cm en laissant 12 perles libres. Puis fermez l'anneau. Écartez ensuite au maximum les perles libres de chaque anneau de manière à former un cercle.

6 Disposez le motif central au centre de l'ouverture et cousez-le à l'anneau avec un fil noir de 15 cm. Pour les « pointes » de l'anneau, passez le fil le long du motif central comme si vous réalisiez une bordure.

SCHÉHÉRAZADE★★

Une bague de sultane aux formes exubérantes, aux couleurs tapageuses tendant à s'assagir à l'aide de perles plus discrètes.

FOURNITURES

- **9 perles rondes verre, cristal ou nacre, 6 mm**
- **10 toupies cristal, 6 mm**
- **10 perles à facettes, 4 mm**
- **1 tube de perles de rocaille**
- **Environ 80 cm de fil de Nylon, 0,25 mm**

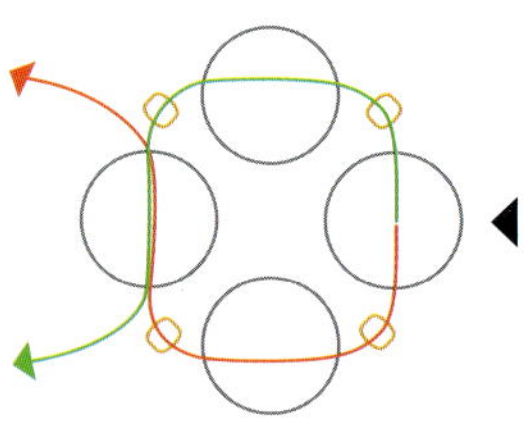

1

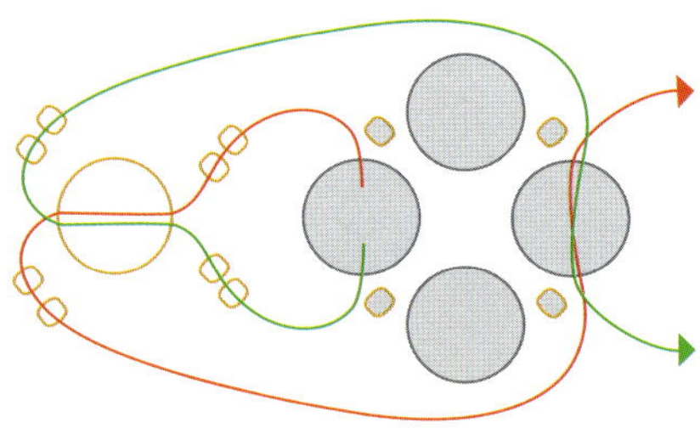

2

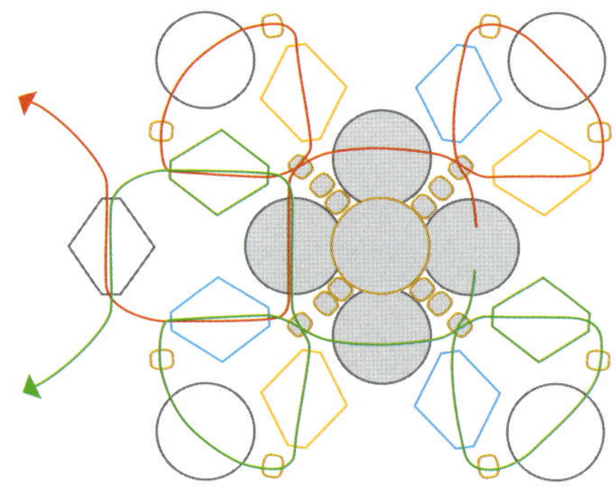

3

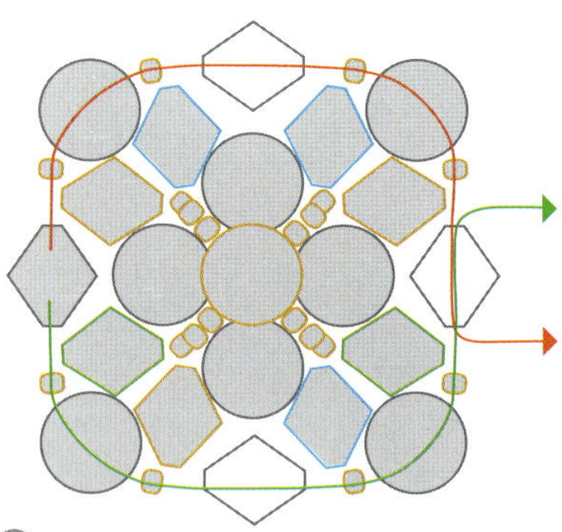

4

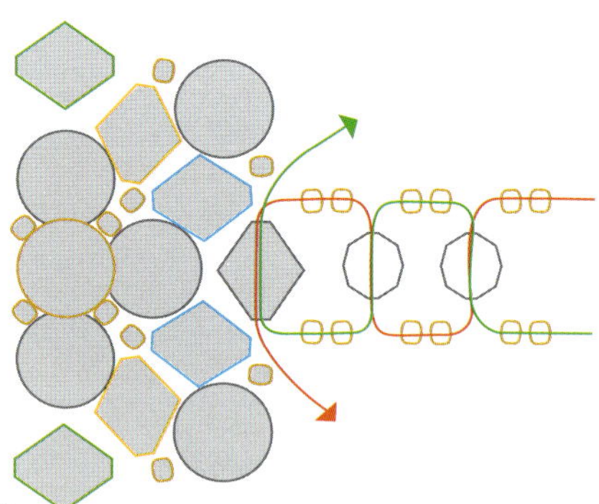

5

Ce modèle aux tonalités plus froides est réalisé avec des perles de rocaille argent, des toupies cristal violettes et une perle ronde argent.

ÉCHO*

Nul besoin de multiplier les couleurs, une à une les perles font écho aux couleurs qui les entourent.

FOURNITURES

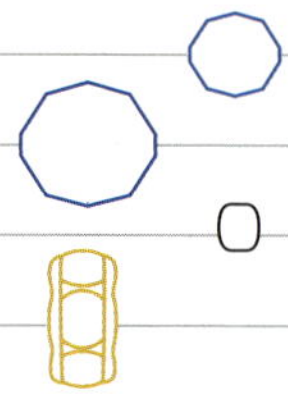

- 19 perles à facettes cristal labrador, 4 mm
- 17 perles à facettes cristal labrador, 6 mm
- 32 perles de rocaille cristal trou métal, 2,5 mm
- 6 rondelles strass cristal sur or, 6 mm
- Environ 80 cm de fil de laiton, 0,25 mm

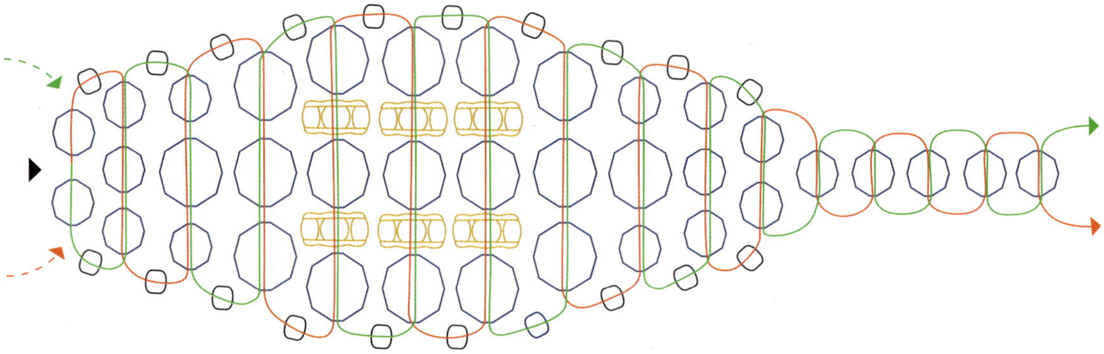

Pour la bague bleu-noir, utilisez des perles à facettes cristal Jet AB, des perles de rocaille noires, et des rondelles strass grises.

DENTELLE***

Quel que soit le dessin que vous donnerez à ce modèle, vous obtiendrez un résultat d'une extrême finesse, qui recouvrira délicatement votre doigt.

FOURNITURES

- **46 toupies cristal, 3 mm**
- **1 tube de mini-perles de rocaille**
- **6 à 10 perles rondes à facettes, 3 mm**
- **Environ 1,50 m de fil de Nylon, 0,25 mm**

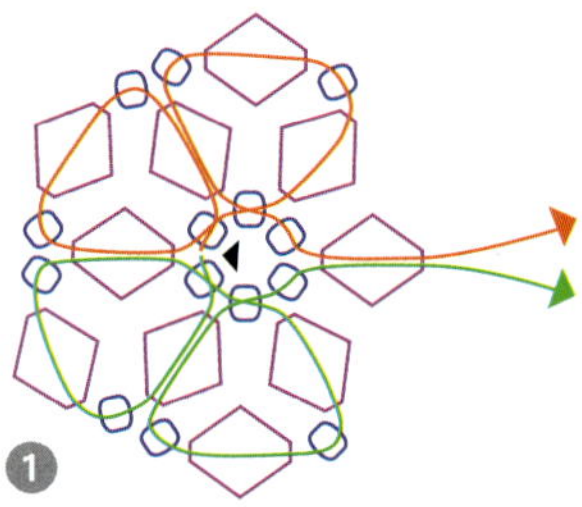

1

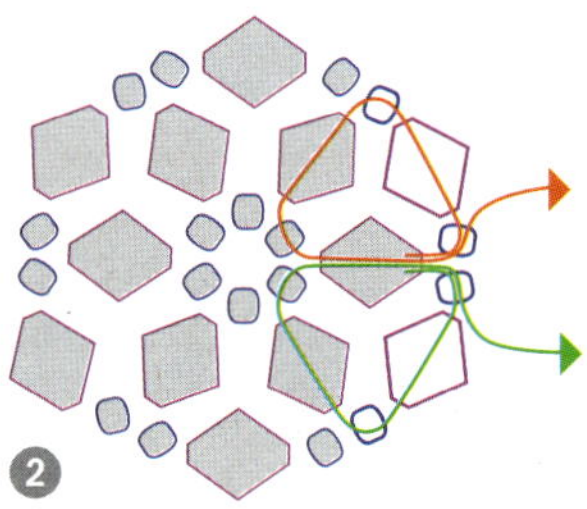

2

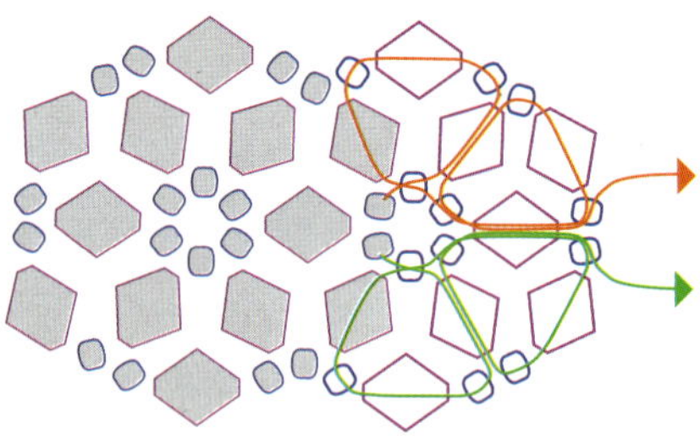

3

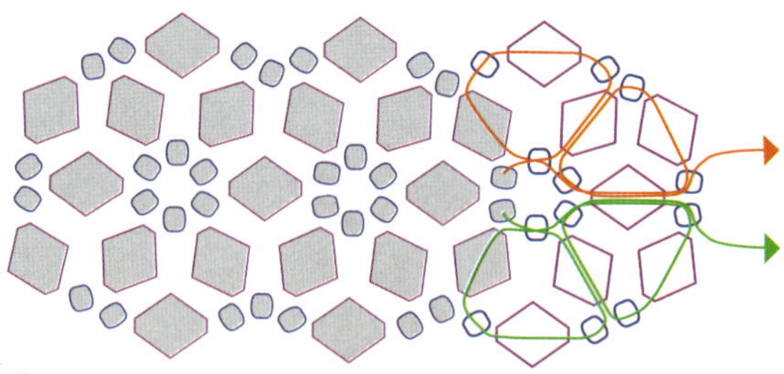

4

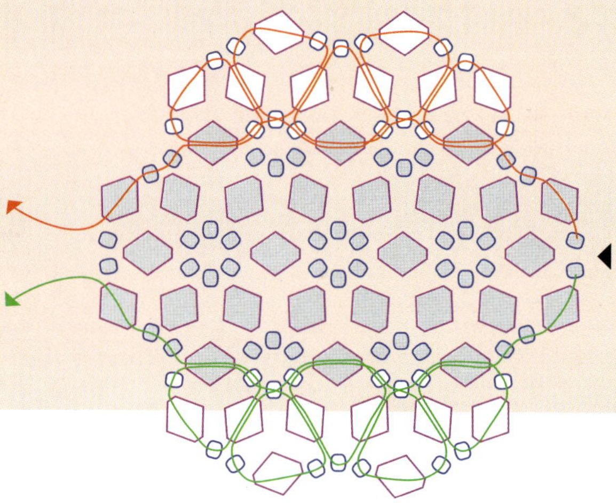

5 Déplacez les fils de chaque côté de la base, de façon symétrique, pour former des fleurs complémentaires. Glissez le fil dans les perles de côté dans : 1 toupie, 2 rocailles, 1 toupie ; enfilez 1 rocaille, 1 toupie, 1 rocaille, 1 toupie et 1 rocaille, puis repassez dans la même toupie et 1 rocaille pour former une boucle. Enfilez ensuite 1 rocaille, 1 toupie, 1 rocaille, 1 toupie et 1 rocaille et passez dans 1 toupie de la boucle précédente et 1 rocaille de la deuxième boucle. Enfin continuez comme le montre le schéma.

6 Pour renforcer et terminer le motif central, enfilez sur un fil 1 rocaille, 1 toupie, 1 rocaille, 1 toupie et 1 rocaille et glissez ce fil dans le montage pour suivre le contour du motif comme sur le schéma. Faites la même chose avec l'autre fil. Réalisez l'anneau avec des perles de rocaille et des perles à facettes comme sur le schéma.

En réalisant les fleurs avec des toupies cristal blanches, encadrées de toupies cristal bleues, vous mettez en valeur le motif fleuri.

VARIANTE : TORTUE***

FOURNITURES

- **40 toupies cristal ou perles à facettes, 4 mm**
- **1 tube de perles de rocaille**
- **6 à 10 perles à facettes, 4 mm**
- **Environ 1,50 m de fil de Nylon, 0,25 mm**

Pour réaliser la Tortue, il vous faut suivre les étapes 1, 2, 3 et 4 de la Dentelle. Puis lorsque vous aurez réalisé les trois fleurs du motif central, poursuivez par les étapes suivantes.

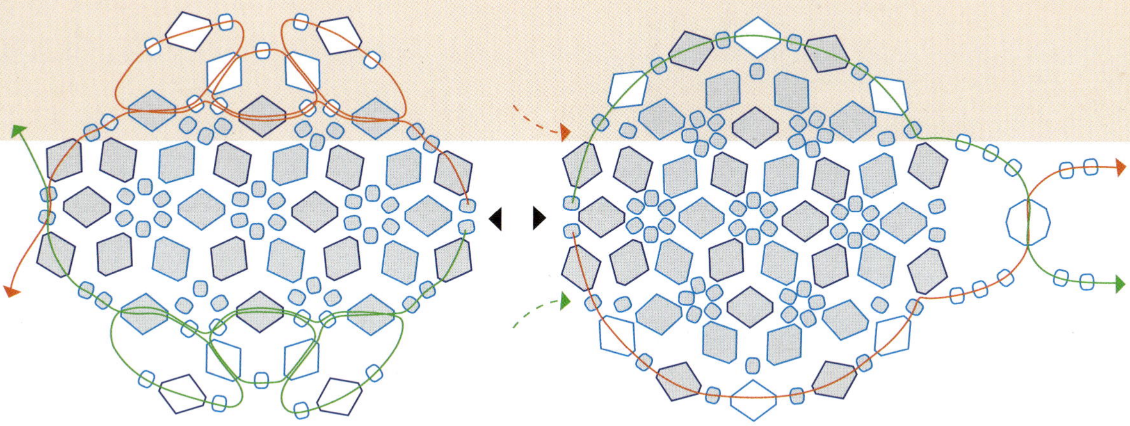

5 Déplacez les fils de chaque côté de la base, de façon symétrique, pour former des fleurs complémentaires. Glissez le fil dans les perles de côté dans : 1 toupie, 2 rocailles, 1 toupie ; enfilez 1 rocaille, 1 toupie, 1 rocaille, 1 toupie et 1 rocaille, puis repassez dans la toupie de la base et 1 rocaille pour former une boucle. Enfilez ensuite 1 rocaille, passez dans la deuxième toupie de la base puis enfilez 1 rocaille, 1 toupie et 1 rocaille et rattachez à la toupie de la fleur précédente. Repassez dans 1 rocaille, 1 toupie, 1 rocaille puis enfilez 1 rocaille, passez dans la troisième toupie de la base et enfilez pour finir 1 rocaille, 1 toupie, 1 rocaille pour fermer le motif.

6 Pour former un beau contour, resserrer la bague et lui donner du volume, glissez les fils, de chaque côté, tout autour du motif comme le montre le schéma et ajoutez les dernières toupies. Puis déplacez les fils vers les toupies centrales du motif pour commencer l'anneau.

ODALISQUE★★

Appropriez-vous ce bijou si féminin en plaçant au centre de la bague une perle longue ou ronde pour dessiner un motif rectangulaire ou carré.

FOURNITURES

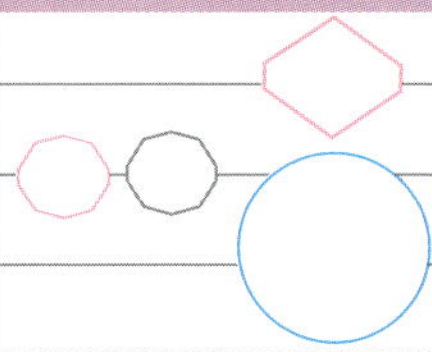

4 toupies cristal, 8 mm

20 perles à facettes, 4 mm

1 perle centrale ronde ou ovale, 12 mm

1 tube de perles de rocaille

Environ 80 cm de fil de Nylon, 0,25 mm

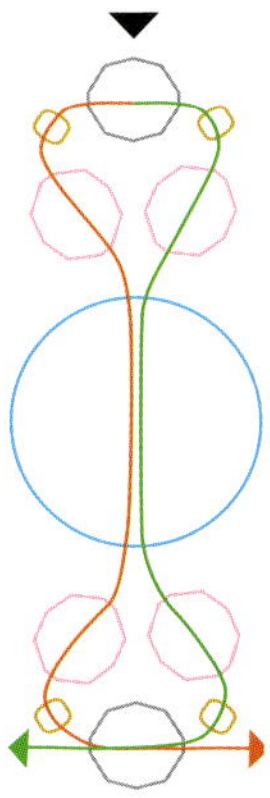

❶

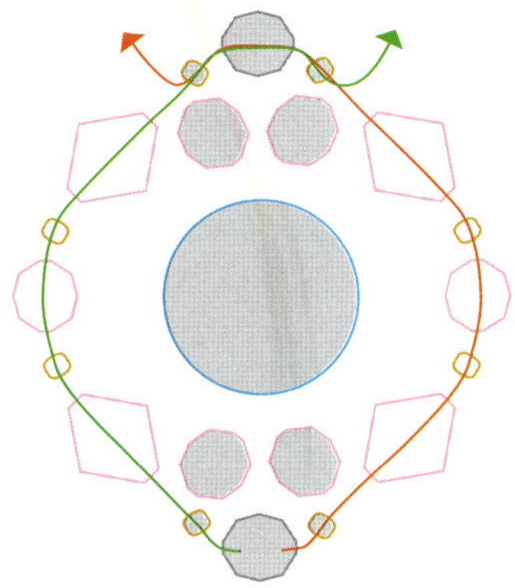

❷

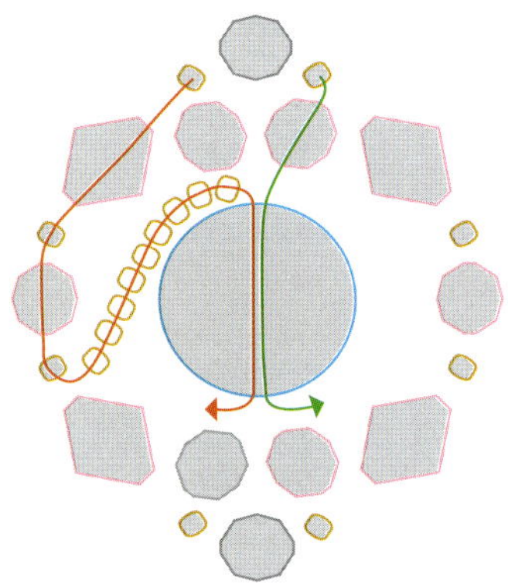

❸ Selon la taille et la forme de la perle centrale que vous aurez choisie, enfilez 8 à 12 perles de rocaille.

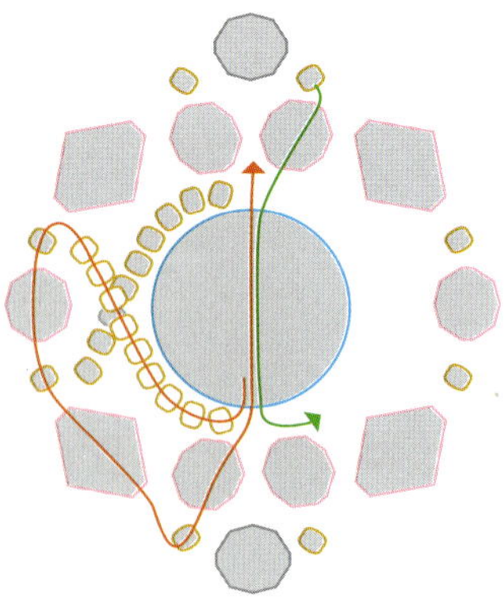

❹

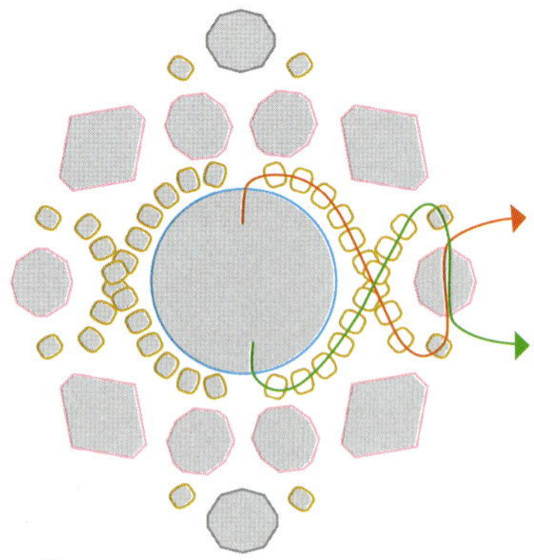

❺

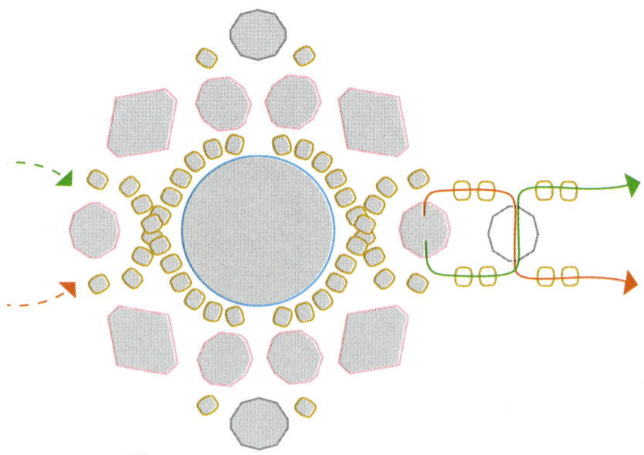

❻

CROISÉE★★

Une indémodable bague aux lignes précieuses et médiévales pour laquelle vous oserez d'autres effets colorés.

FOURNITURES

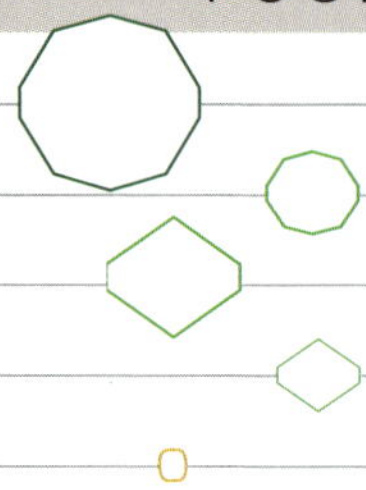

- 3 perles rondes à facettes, 8 mm
- Environ 18 perles à facettes, 4 mm
- 6 toupies cristal, 6 mm
- 4 toupies cristal, 3 mm
- 1 tube de mini-perles de rocaille
- Environ 1,50 m de fil de Nylon, 0,25 mm

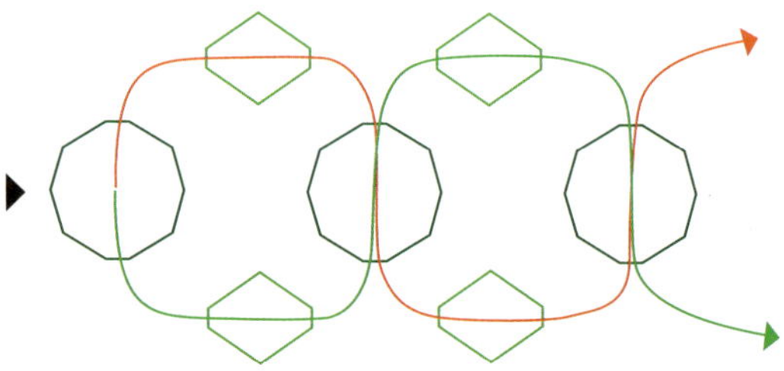

1

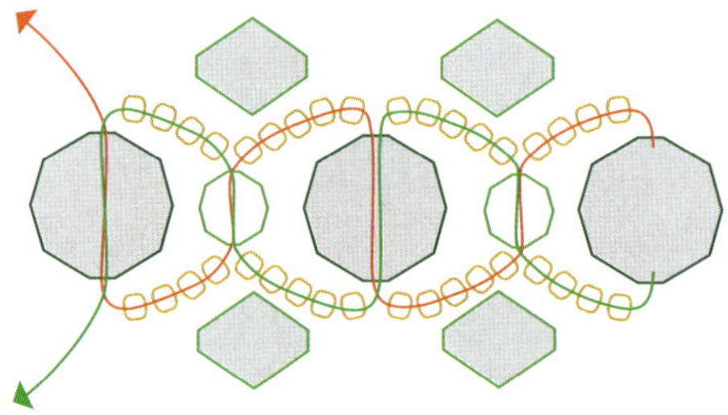

2

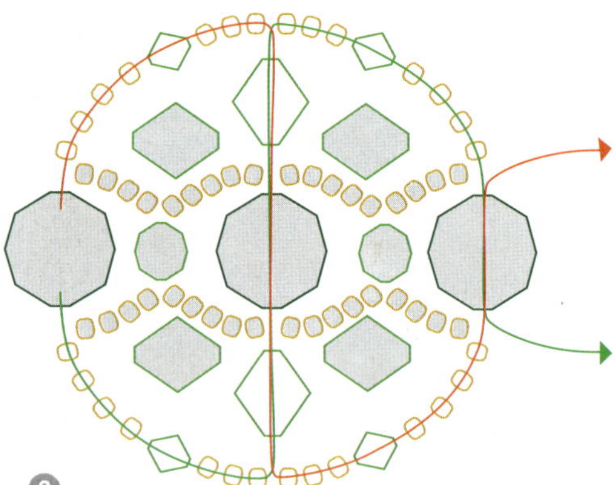

3

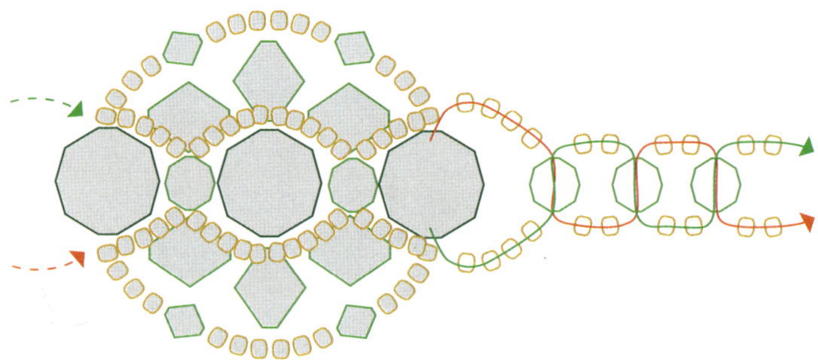

4

BAYADÈRES*

Telle une mosaïste, créez des anneaux aux lignes multicolores, ou votez pour la sobriété en privilégiant les camaïeux.

FOURNITURES

- **100 perles de rocaille turquoise, 2 mm**
- **25 perles de rocaille parme, 2 mm**
- **25 perles de rocaille péridot, 2 mm**
- **Environ 2,50 m de fil de laiton argenté, 0,25 mm**
- **Environ 2 m de fil de laiton noir, 0,25 mm**

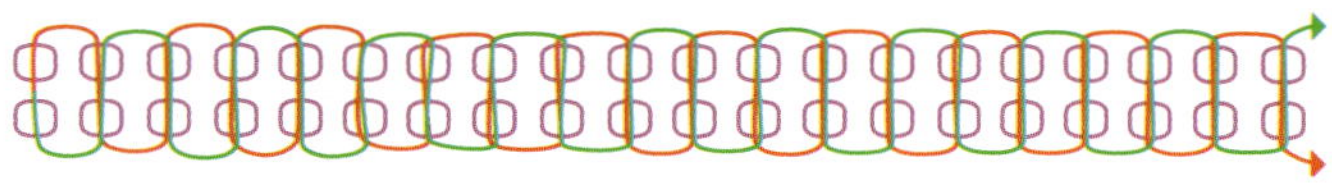

1. Réalisez deux anneaux de perles de rocaille parme de 20 ou 25 rangs (selon la taille du doigt) avec 50 cm de fil de laiton argenté.

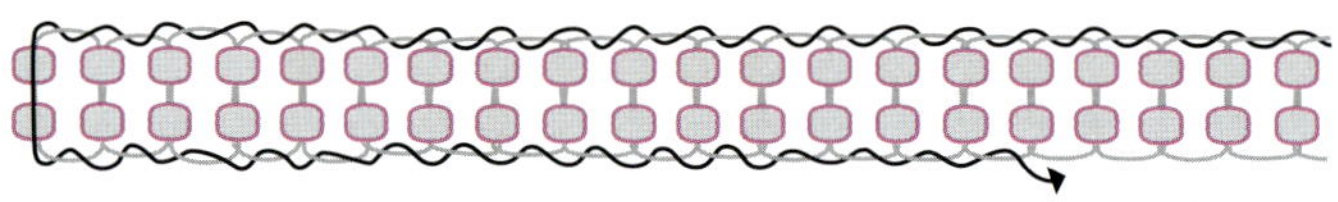

2. Bordez chaque anneau avec du fil de laiton noir.

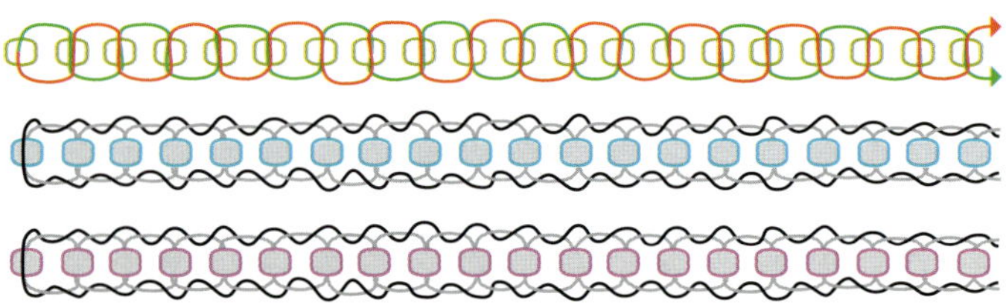

3. Faites ensuite trois anneaux de 20 ou 25 rangs avec 50 cm de fil argent : le premier péridot, le deuxième turquoise et le troisième parme, puis bordez-les de fil de laiton noir.

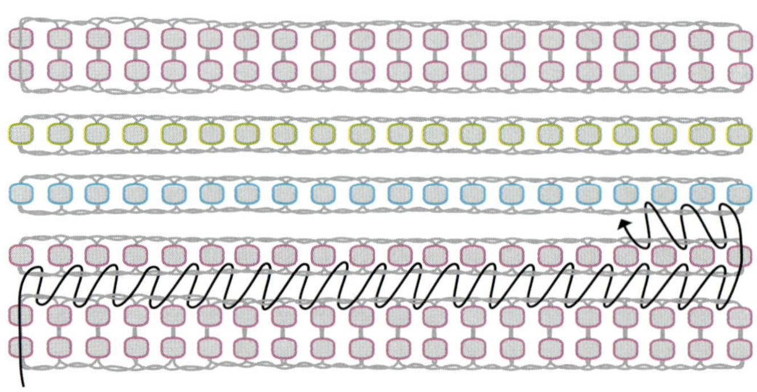

4. Assemblez les anneaux avec un fil de laiton noir de 50 cm.

CHARDON***

La géométrie de ce modèle se prête à d'infinies variantes de couleurs et de motifs : à vous d'opter pour la clarté des lignes ou la fusion des tonalités.

FOURNITURES

- 38 à 42 perles à facettes, 4 mm
- 48 toupies cristal, 4 mm
- 1 tube de perles de rocaille
- Environ 1,50 m de fil de Nylon, 0,25 mm

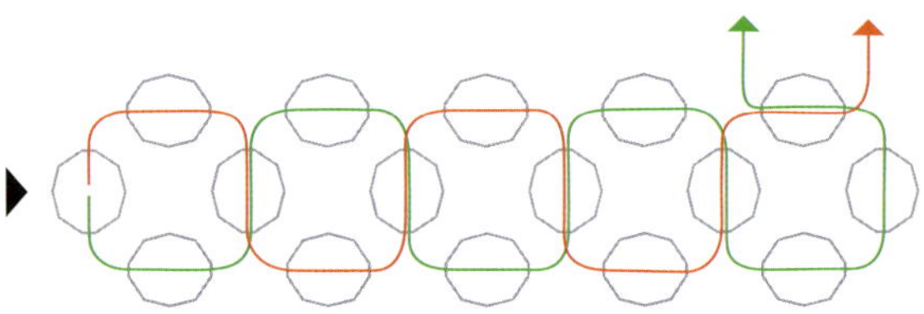

1

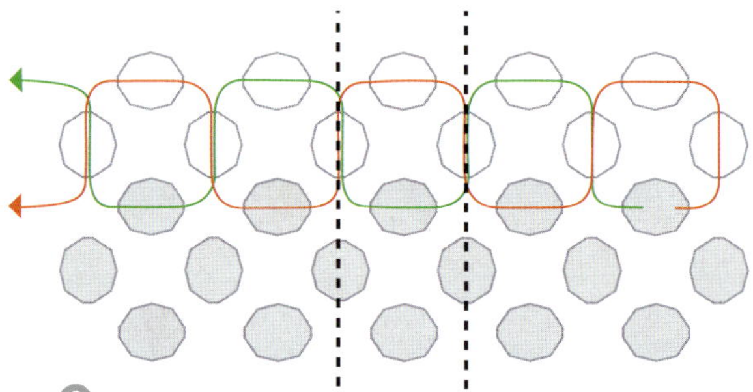

2

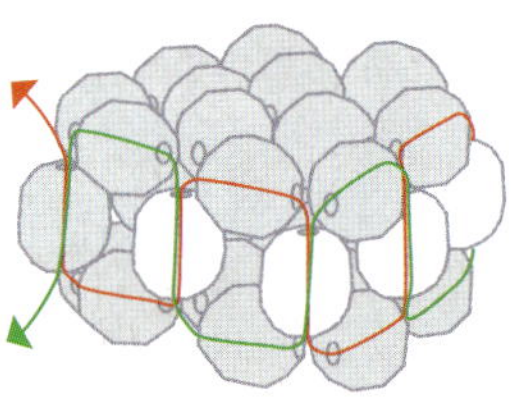

Vue de 3/4

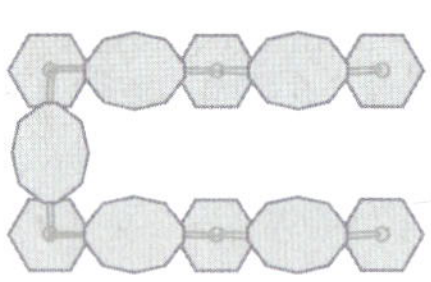

Vue de profil

3 Pliez la base en deux et attachez les deux côtés à l'aide de nouvelles perles à facettes, que vous ajouterez sur les trois côtés de cette base aux allures de petite gaufre.

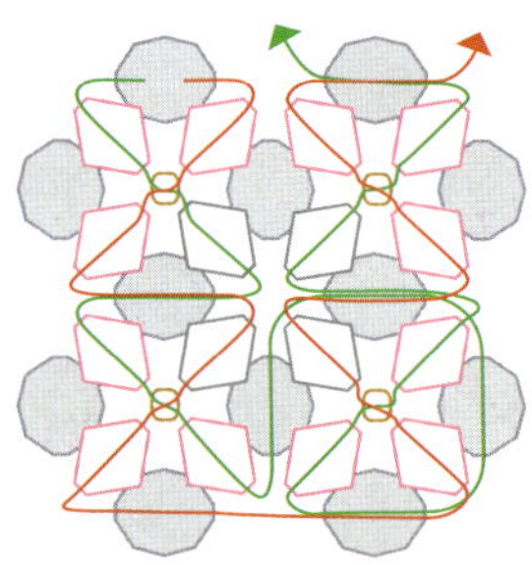

Vue de dessus

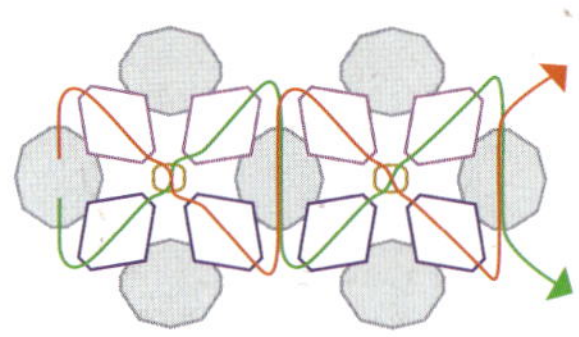

Vue de profil

4 Habillez la partie supérieure et les côtés de la base de la gaufre avec des toupies et des rocailles. N'hésitez pas, lorsque c'est nécessaire, à faire glisser le fil dans le montage pour le placer au bon endroit et réussir à couvrir les cinq faces.

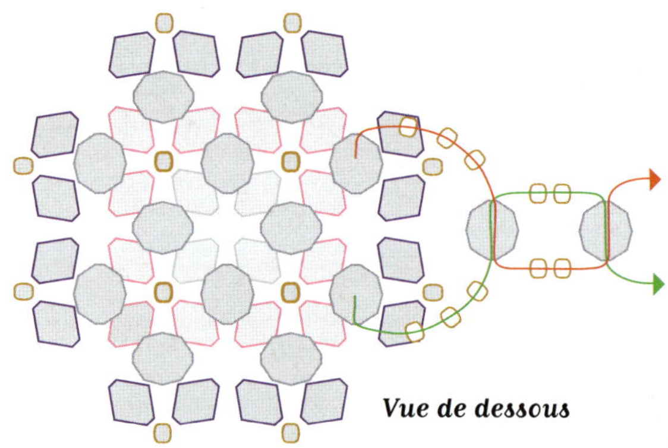

Vue de dessous

5

BOUQUET★★★

Des montures gracieuses où s'enchâssent des bouquets de perles éclatantes et cristallines.

FOURNITURES

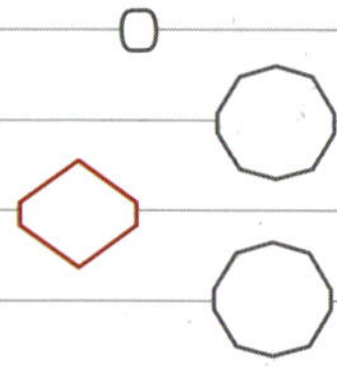

- **Environ 120 perles de rocaille gris brillant, 2 mm**
- **4 perles rondes à facettes acier, 4 mm**
- **4 toupies cristal blanches ou rouges, 4 mm**
- **1 perle ronde à facettes noire, 4 mm**
- **Environ 1,50 m de fil de laiton argenté, 0,25 mm**
- **Environ 1,50 m de fil de laiton noir, 0,25 mm**

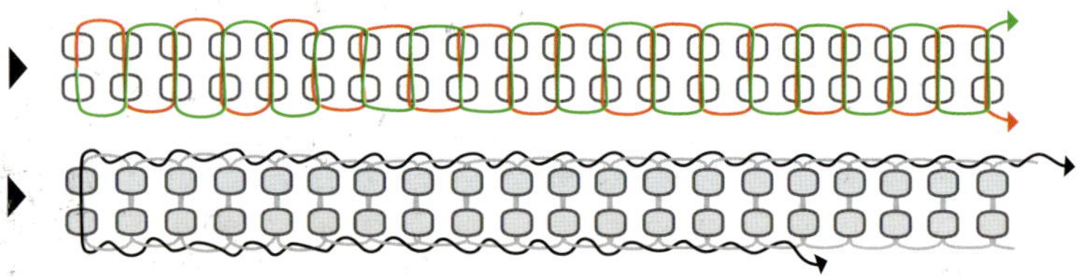

1. Réalisez deux anneaux de perles de rocaille gris brillant de 28 rangs avec un fil argenté de 50 cm. Puis bordez-les de fil de laiton noir.

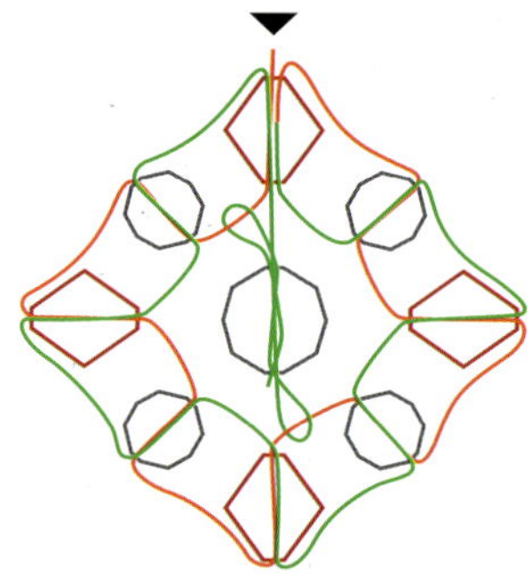

2. Avec un fil noir de 10 cm, 4 toupies et 4 perles à facettes acier, réalisez une fleur. Puis cousez au centre de la fleur une perle ronde à facettes noire avec du fil noir.

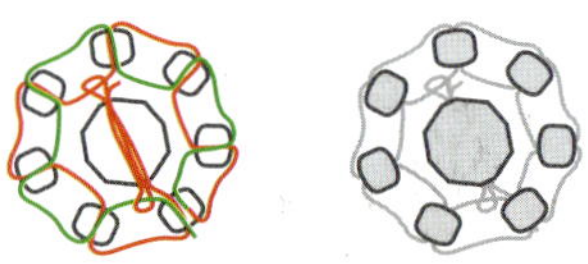

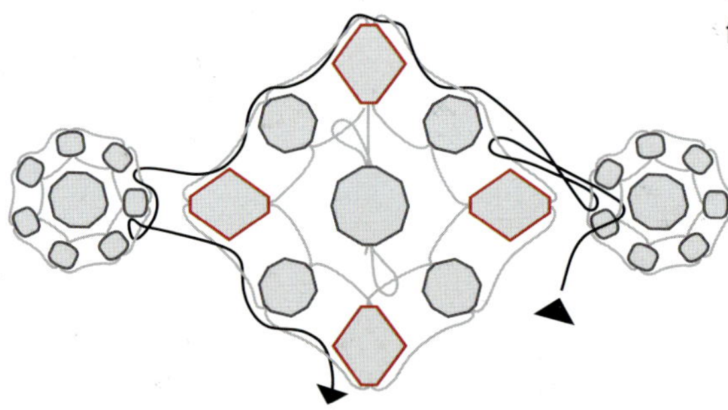

3. Pour les motifs latéraux, faites deux fleurs de sept pétales avec des perles de rocaille grises et un fil noir de 10 cm. Modelez les fils de manière à les dissimuler et à créer l'illusion d'une fleur. Pour leur cœur, fixez une perle ronde à facette noire avec du fil noir.

4. Pour assembler ces trois fleurs, prenez un fil noir de 15 cm, enfilez-le dans une perle d'un des deux motifs latéraux en laissant dépasser 1 cm de fil. Avec le fil le plus long, cousez une des petites fleurs au motif central. Passez ensuite le fil autour du motif central pour rejoindre l'autre fleur, puis cousez.

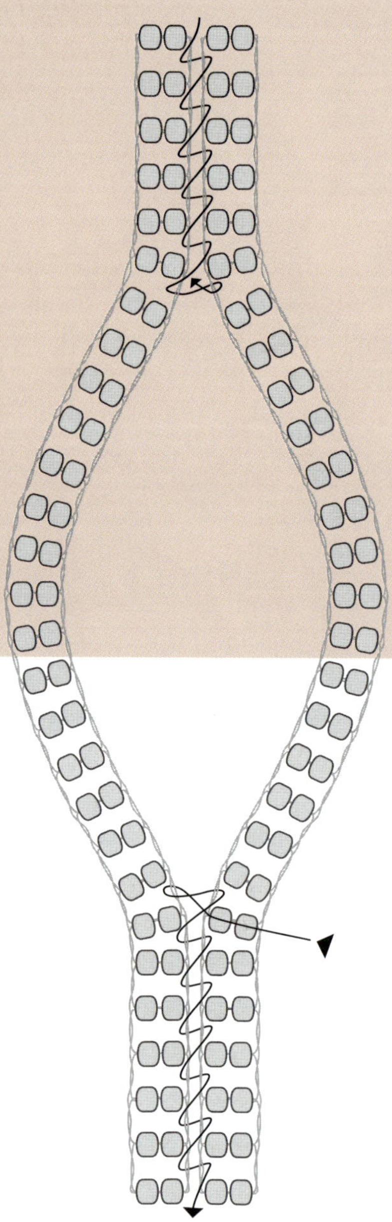

❺ Assemblez les anneaux en laissant 15 rangs libres.

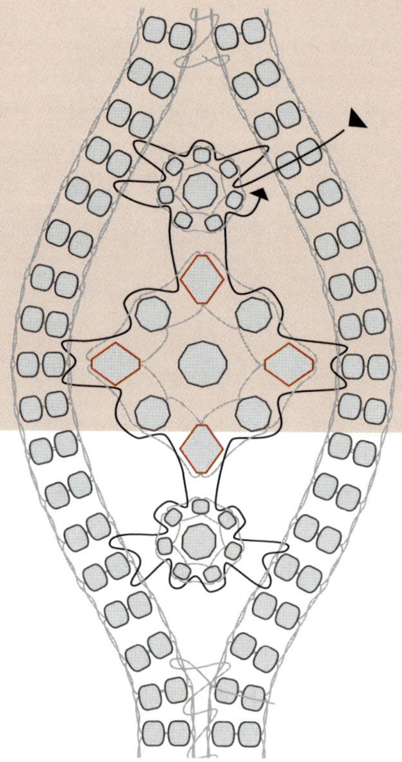

❻ Disposez le bouquet de fleurs au centre de l'anneau en veillant à laisser un espace équivalent de chaque côté, puis cousez le motif avec 15 cm de fil noir.

En choisissant des perles de rocaille parme et corail, vous réaliserez un modèle à l'effet très différent.

VARIANTE : QUATRE FLEURS***

FOURNITURES

- **50 perles de rocaille grises et parme mélangées**
- **18 perles de rocaille orange**
- **4 perles à facettes métal**
- **2 perles corail en résine**
- **Environ 1 m de fil de laiton argenté, 0,25 mm**
- **Environ 1 m de fil de laiton noir, 0,25 mm**

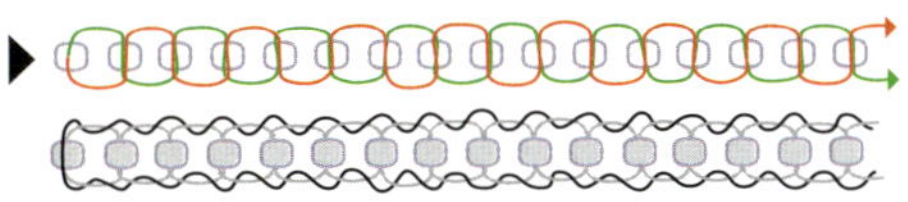

1 Réalisez deux anneaux de perles de rocaille grises et parme de 25 rangs avec 50 cm de fil argenté comme pour le bouquet, que vous borderez de fil noir.

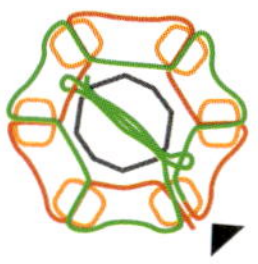

2 Faites quatre fleurs de six pétales orange avec un fil noir de 10 cm. Fermez les fleurs et, pour leur cœur, fixez une perle à facettes métal.

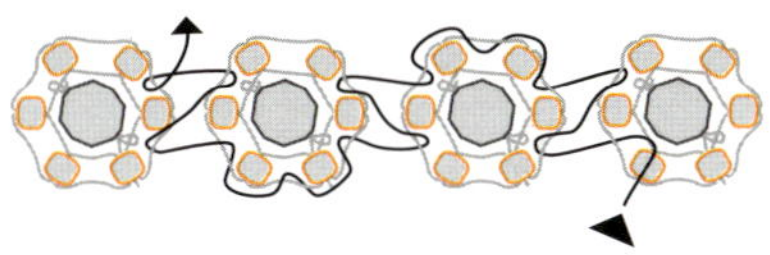

3 Cousez les quatre fleurs entre elles en prenant un fil noir de 15 cm et procédez comme pour le bouquet.

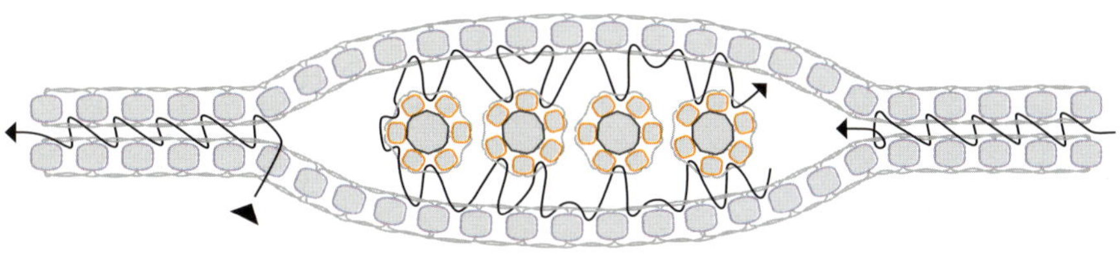

4 Assemblez les deux anneaux avec du fil noir en laissant libres 15 perles comme pour le bouquet. Disposez les quatre fleurs au centre de l'anneau et cousez-y les fleurs.

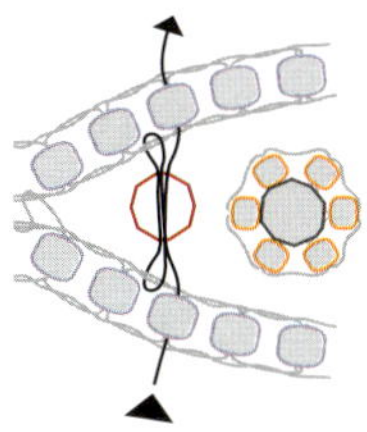

5 Ajoutez, de chaque côté du motif de quatre fleurs, une perle corail, en enfilant un fil noir de 7 cm dans l'une des perles de l'anneau, à l'endroit où les anneaux se séparent.

OURSIN*

Oursin mordoré ou noir argent, la forme « boule » de cette bague la rend aussi confortable que seyante et originale.

FOURNITURES

- 48 perles à facettes hématite, 4 mm
- 1 perle ronde métal argent vieilli, 12 mm
- 36 perles de rocaille métal argent vieilli, 2,5 mm
- 16 rondelles métal argent vieilli, 6 mm
- Environ 80 cm de fil de laiton, 0,25 mm

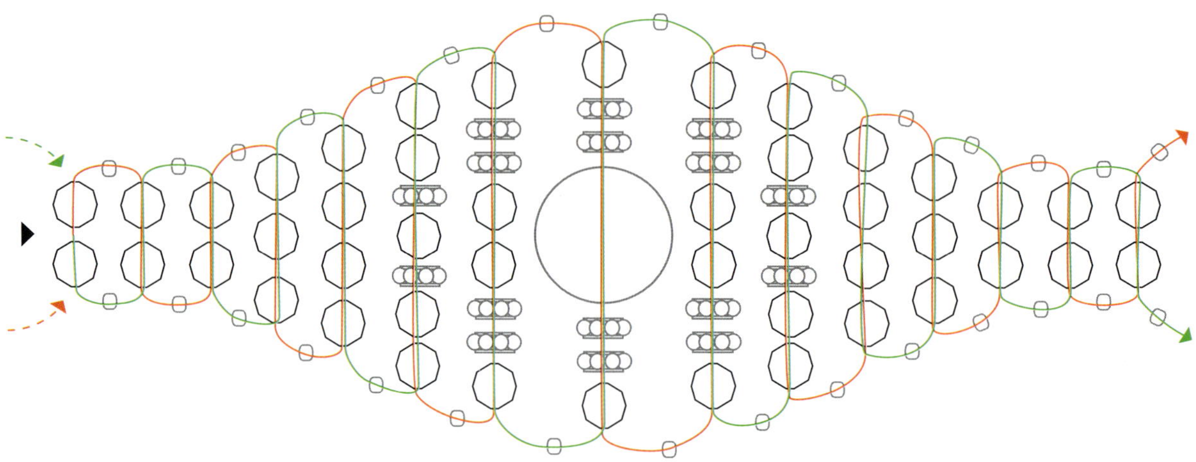

Pour l'Oursin mordoré, utilisez des perles à facettes Jet Nut 2x, des perles de rocaille cuivre, et des rondelles métal cuivre vieilli.

PAPILLON★★

Son cœur de strass et ses grosses toupies font de cette bague un bijou facile à porter et agréablement voyant.

FOURNITURES

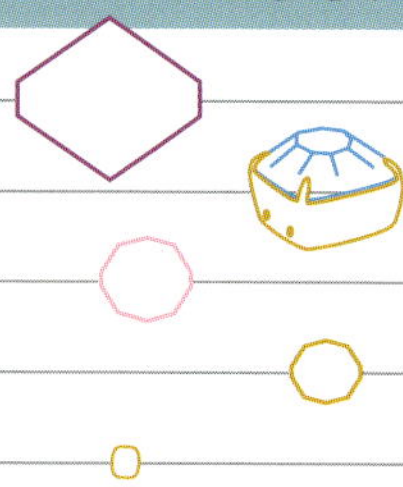

- 4 toupies cristal, 8 mm
- 1 perle strass, 8 x 12 mm
- 8 à 10 perles à facettes, 4 mm
- 2 perles à facettes, 3 mm
- 1 tube de perles de rocaille
- Environ 80 cm de fil de Nylon, 0,25 mm
- 2 clous de jonction, 1 pince ronde, 1 pince coupante

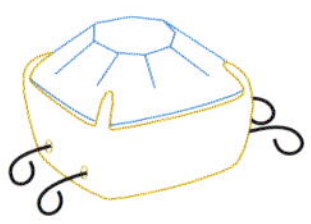

1 Enfilez les clous dans le support de la perle strass. Coupez les clous et recourbez les bouts à l'aide de la pince ronde de manière à former deux boucles.

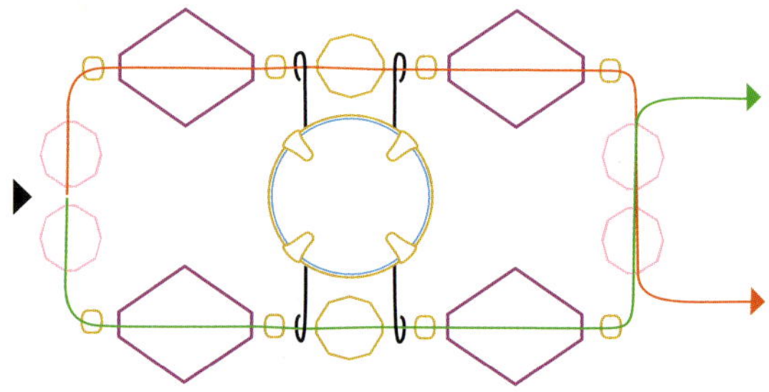

2

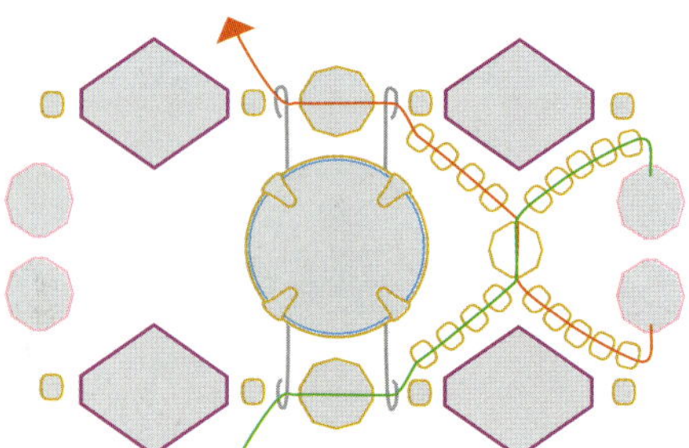

3

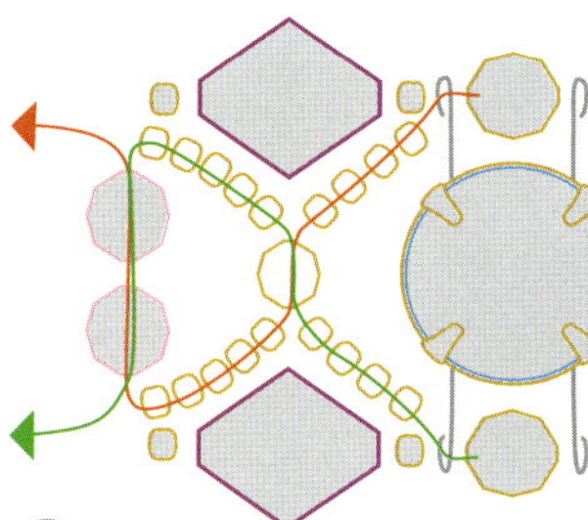

4

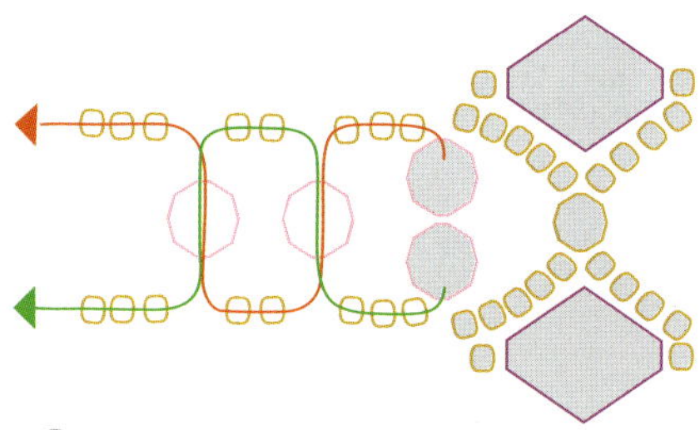

5

Ce modèle a été réalisé avec un strass ovale rouge et des toupies vertes de 8 mm.

CARRÉ★★

Ce petit carré est un basique très tendance. À vous de le décliner avec des perles plus grosses ou de lui ajouter d'autres carrés fleuris.

FOURNITURES

- **Environ 25 perles à facettes, 4 mm**
- **16 toupies cristal, 4 mm**
- **1 tube de perles de rocaille**
- **Environ 1,50 m de fil de Nylon, 0,25 mm**

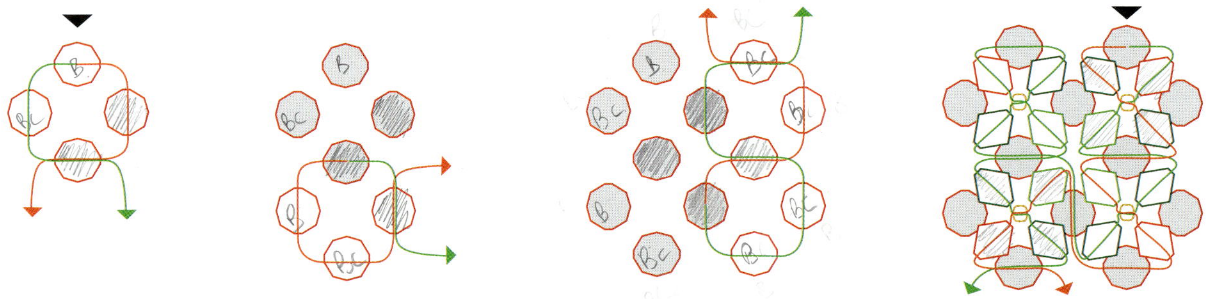

1 2 3 4

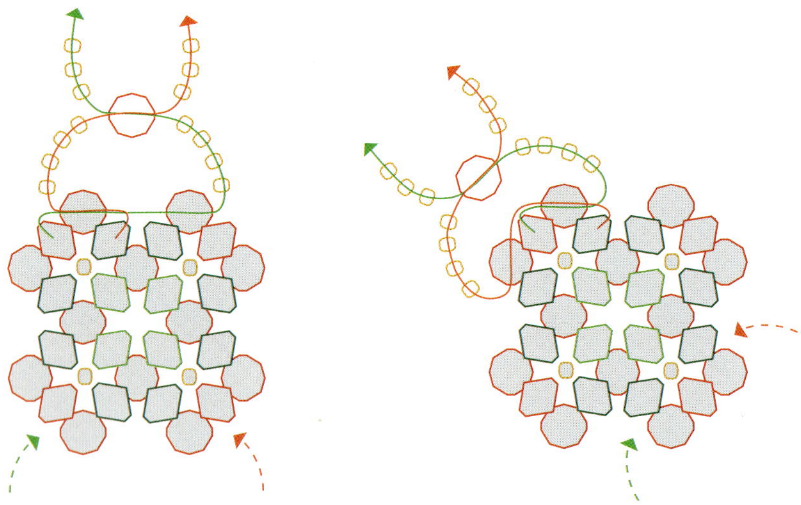

5 Vous pouvez attacher l'anneau sur les côtés du carré ou bien à ses angles en faisant glisser les fils autour du motif.

À partir du motif du carré, vous pouvez réaliser des bases de quatre carrés ou des bases rectangulaires et créer des bagues ressemblant à de petits tapis chatoyants.

LOSANGE***

Au gré des couleurs choisies et de leur agencement, vous ferez de cette bague un tapis fleuri ou un modèle au graphisme très actuel.

FOURNITURES

- **Environ 30 perles à facettes, 4 mm**
- **28 toupies cristal, 4 mm**
- **1 tube de perles de rocaille**
- **Environ 1,50 m de fil de Nylon, 0,25 mm**

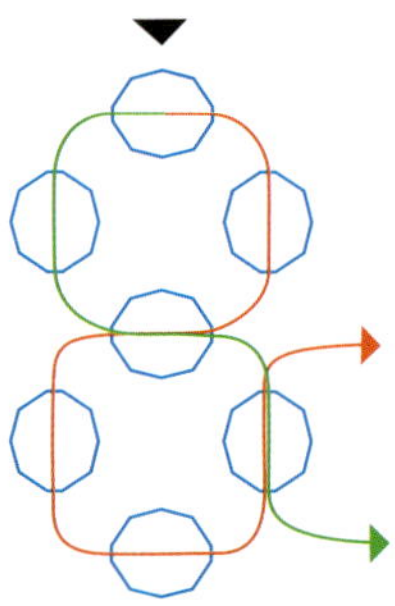

1

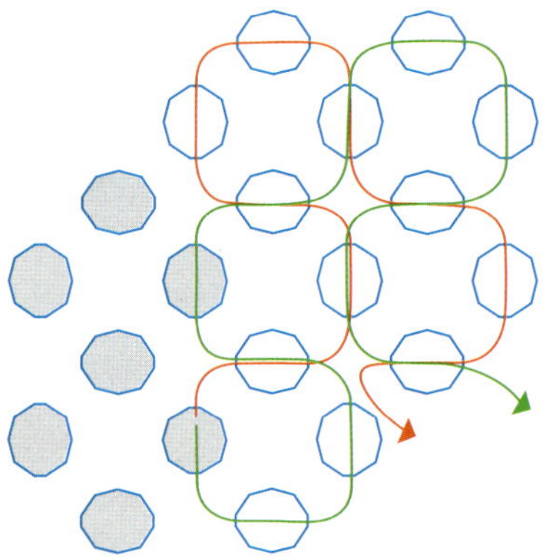

2

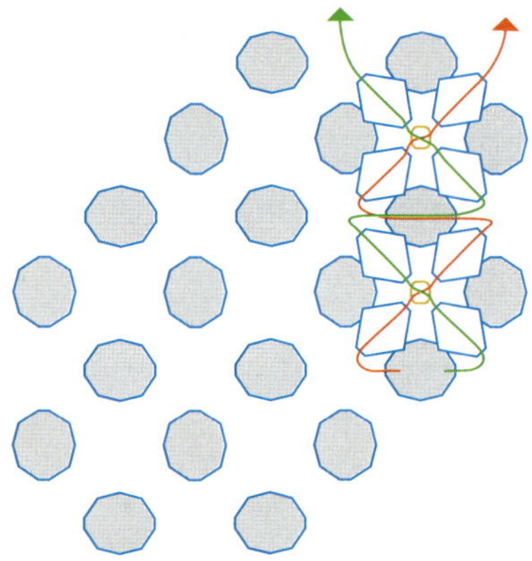

3 Couvrez la base losange de toupies et de perles de rocaille.

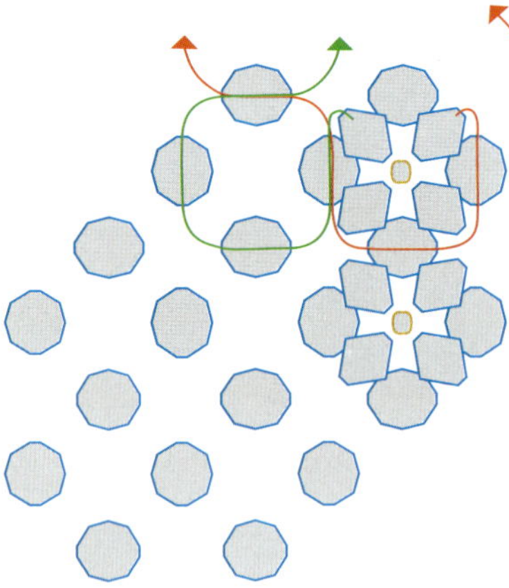

4 Faites glisser les fils dans le montage, de manière à bien les positionner à l'endroit désiré.

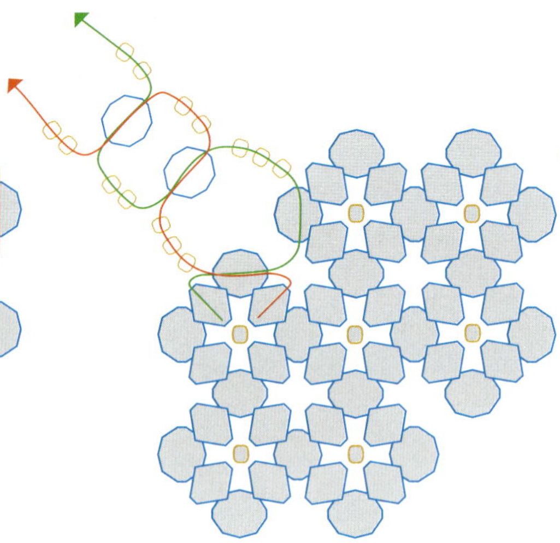

5 Réalisez l'anneau.

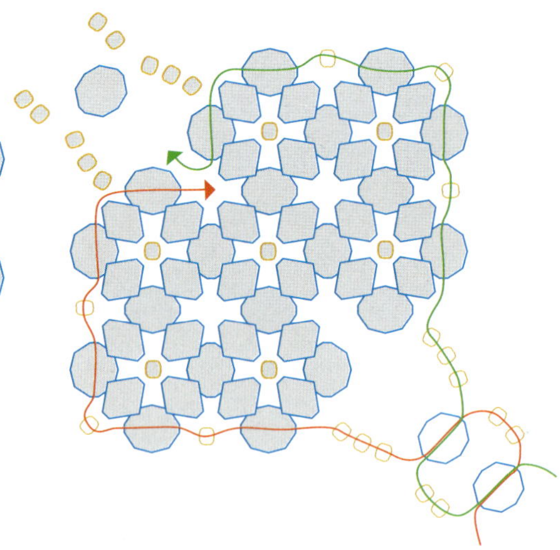

6 Rattachez l'anneau fini de l'autre côté de la bague puis glissez chaque fil tout autour du motif en ajoutant, comme sur le schéma, des perles de rocaille.

FOURREAU*

Une bague élégante, raffinée, pleine de mystère que vous glisserez autour de votre doigt tel un fourreau.

FOURNITURES

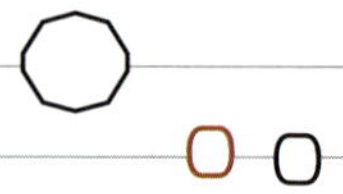

	Environ 150 perles de rocaille translucides brunes, 2 mm
	25 perles rondes à facettes métal ou noires, 2 mm
	Environ 1,50 m de fil de laiton argenté, 0,25 mm
	Environ 50 cm de fil de laiton noir, 0,25 mm

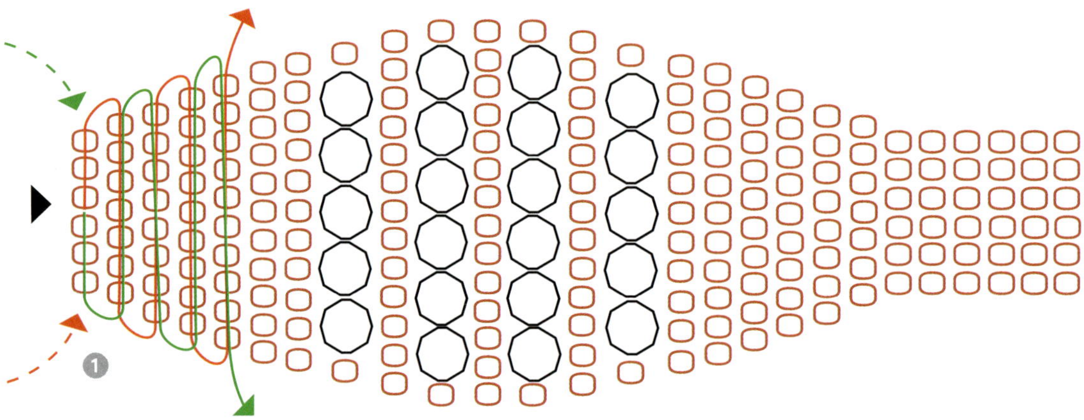

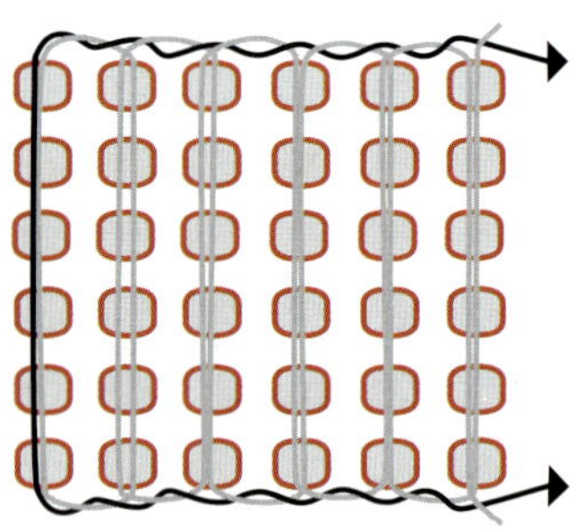

❷ Pour solidifier la bague et obtenir un bord régulier, tressez de chaque côté de la bague une bordure avec un fil de laiton noir de 50 cm.

En alternant quelques perles de rocaille grises et parme, ou brunes et transparentes, vous créerez une bague subtile et raffinée.

MIGNONNETTE*

Cubiste ou futuriste, ce montage contemporain s'adaptera à une version plus rétro si vous optez pour des couleurs plus sobres.

FOURNITURES

- **Environ 20 perles à facettes, 4 mm**
- **3 perles cubes, 4 mm**
- **4 toupies cristal, 3 mm**
- **1 tube de perles de rocaille**
- **Environ 1 m de fil de Nylon, 0,25 mm**

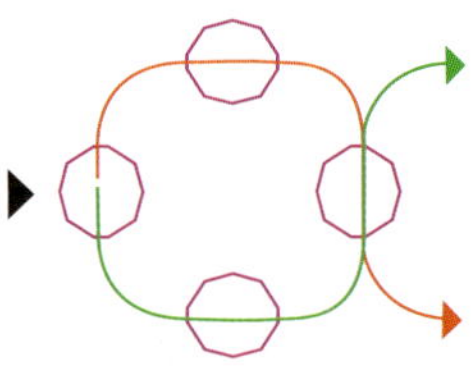

1

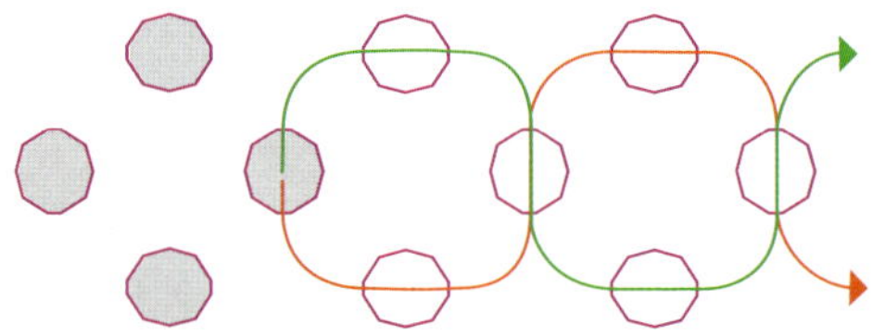

2

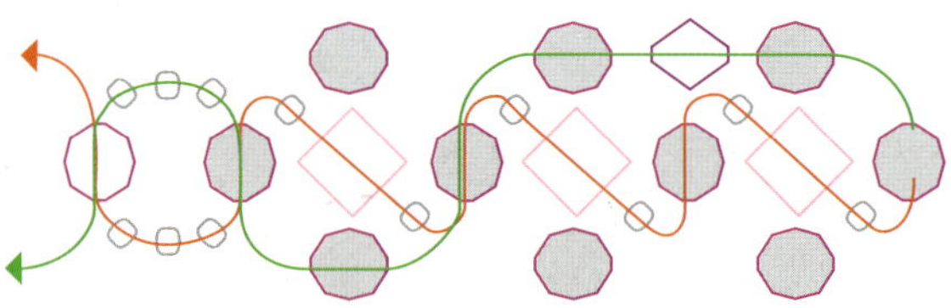

3 Suivez le schéma, puis réalisez un anneau avec des perles de rocaille et des perles à facettes.

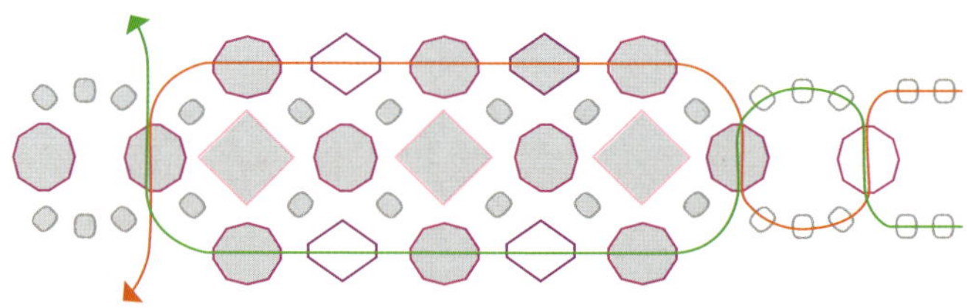

4 Attachez l'anneau à la base, puis complétez la bague avec des toupies.

SIAM*

Perles en cloisonné et coloris tendres donnent à cette bague une ravissante touche exotique.

FOURNITURES

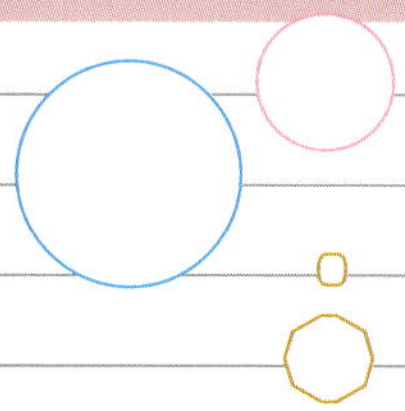

- 6 perles rondes en verre, 6 mm
- 1 perle cloisonnée chinoise, 8 à 12 mm
- 1 tube de perles de rocaille
- 8 à 10 perles à facettes, 4 mm
- Environ 80 cm de fil de Nylon, 0,25 mm
- 1 clou de jonction, 1 pince ronde, 1 pince coupante

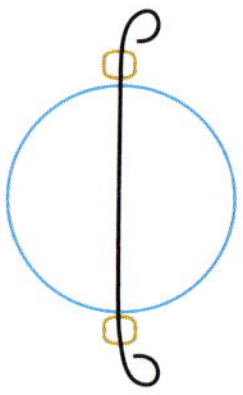

1. Enfilez le clou dans la perle centrale cloisonnée ou strass. Coupez-le, puis recourbez-le à l'aide d'une pince ronde.

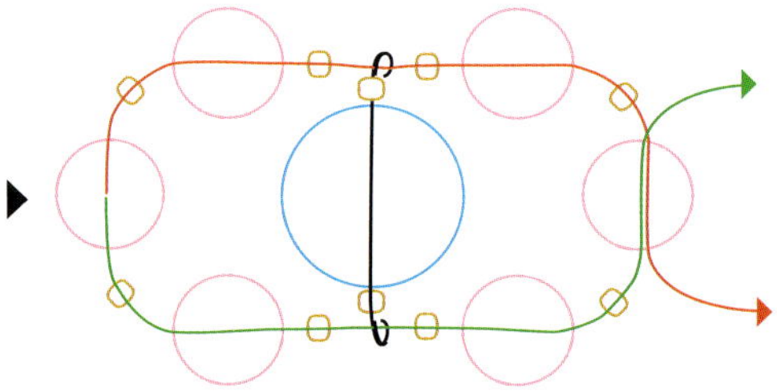

2

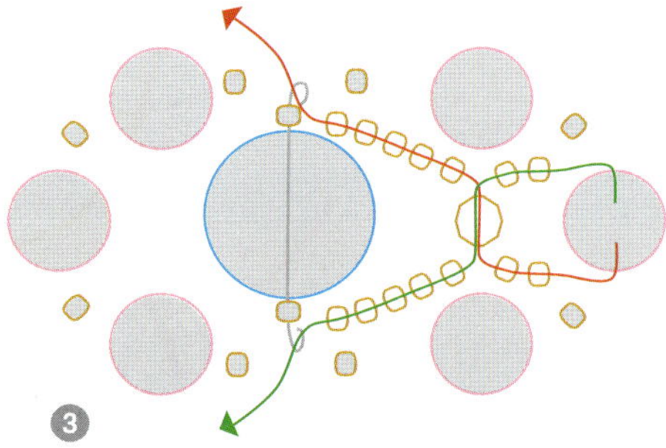

3

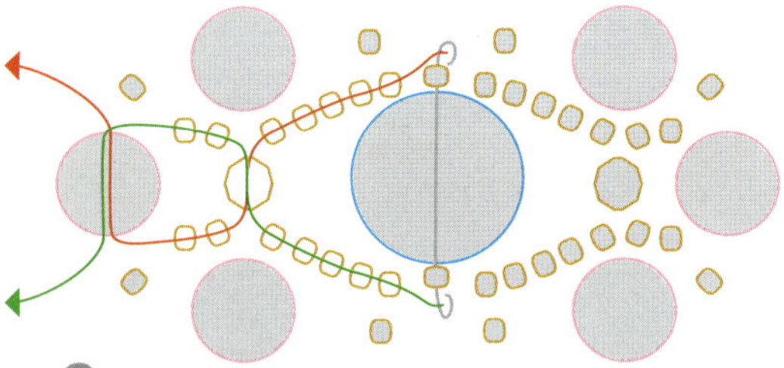

4

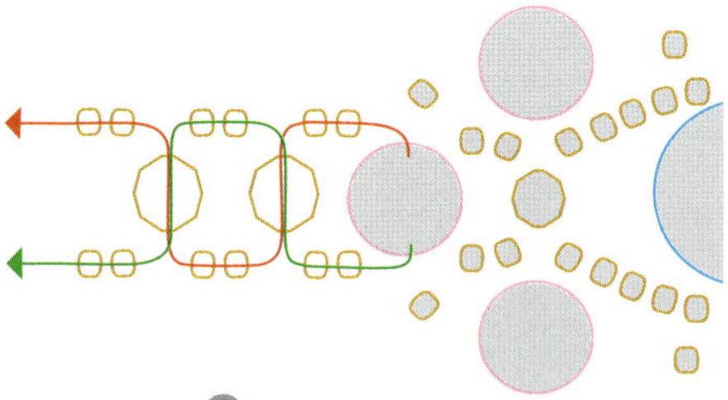

5

Pour ce modèle, la perle cloisonnée a été remplacée par une boule de strass rose et métal or.

RAMEAU FLEURI★★★

Délicats feuillages et fleurs naïvement simples dont les pétales et les feuilles s'adaptent naturellement à la monture.

FOURNITURES

50 perles de rocaille violettes, 2 mm

20 perles de rocaille turquoise, 2 mm

16 perles de rocaille péridot, 2 mm

15 perles de rocaille roses, 2 mm

1 perle de rocaille jaune citron, 2 mm

Environ 1,50 m de fil de laiton argenté, 0,25 mm

Environ 1,50 m de fil de laiton noir, 0,25 mm

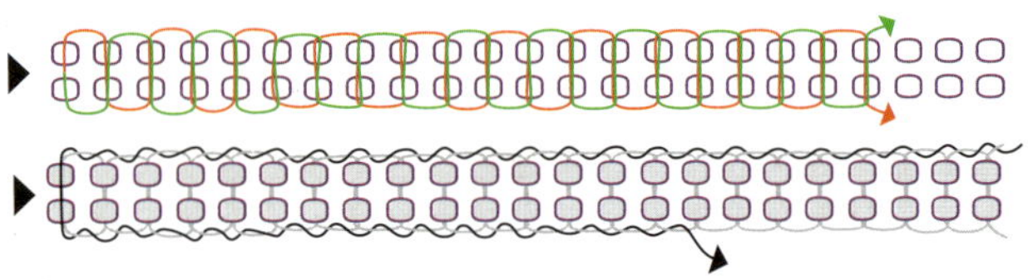

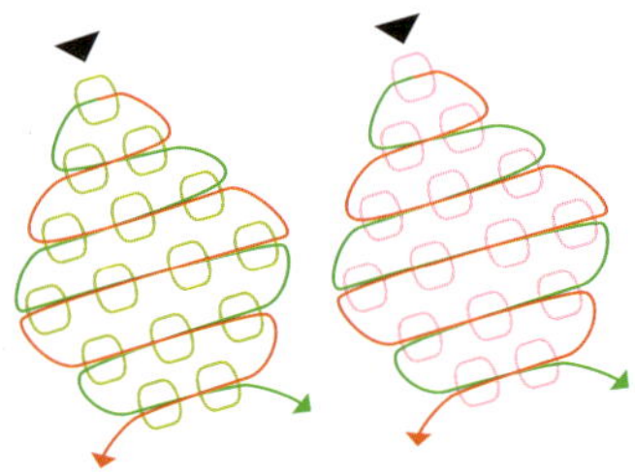

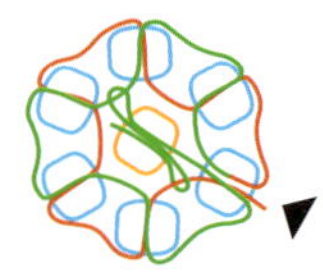

1. Réalisez deux anneaux avec un fil argenté de 70 cm et des perles de rocaille violettes à disposer comme sur le schéma. Puis bordez les anneaux avec un fil noir de 30 cm.

2. Réalisez deux feuilles avec un fil noir de 15 cm et des perles de rocaille roses et péridot en vous reportant au schéma.

3. Réalisez une fleur de six pétales avec un fil noir de 10 cm et des perles de rocaille turquoise. Modelez les rangs avec les doigts de manière à obtenir un motif circulaire plat. Et fixez une perle de rocaille jaune citron pour le cœur avec un fil noir de 10 cm.

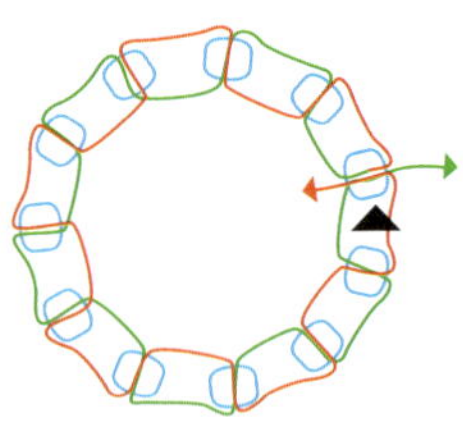

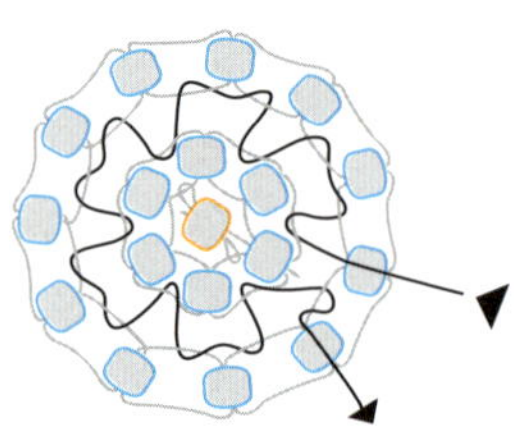

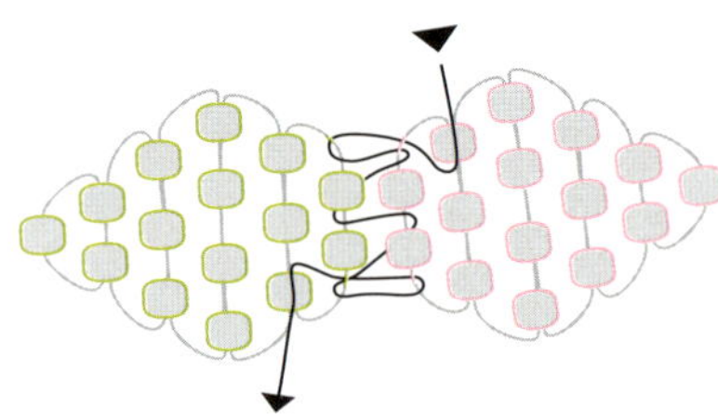

4. Faites un autre motif circulaire avec 11 perles de rocaille turquoise et un fil noir de 15 cm.

5. Assemblez la fleur à l'intérieur du motif circulaire avec un fil noir de 15 cm.

6. Cousez les deux feuilles avec un fil noir de 10 cm.

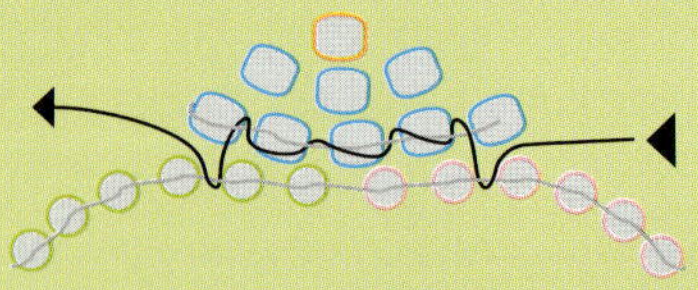

7 Assemblez la fleur au centre des feuilles en passant un fil noir de 15 cm tout autour de la fleur et à travers les feuilles.

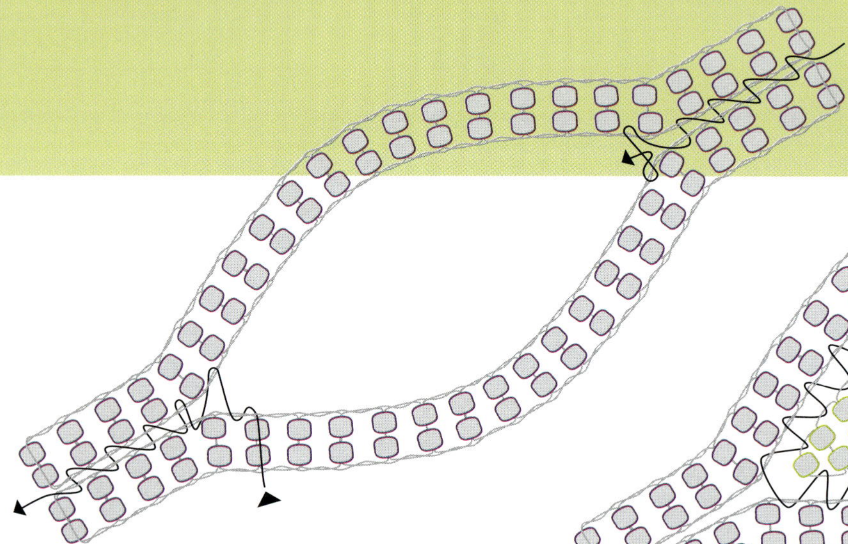

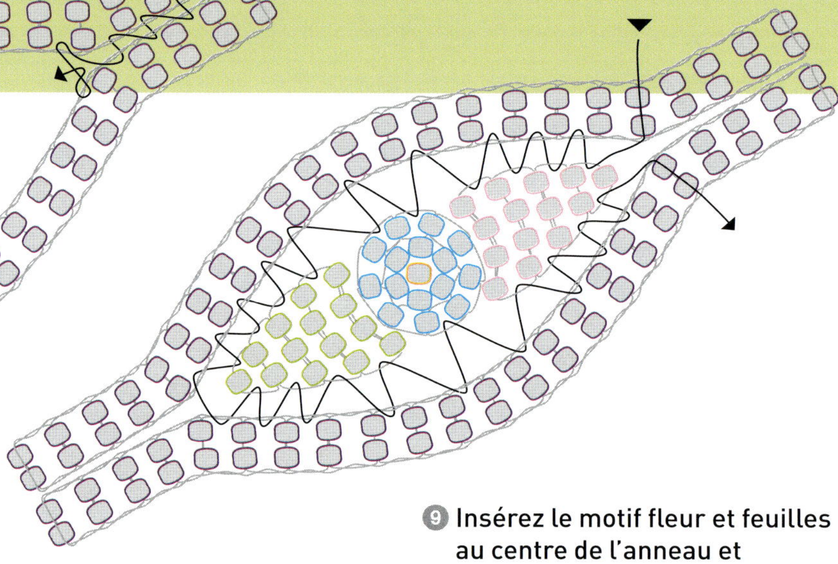

8 Assemblez les deux anneaux en laissant 13 rangs libres.

9 Insérez le motif fleur et feuilles au centre de l'anneau et assemblez ce motif aux anneaux avec un fil noir de 20 cm.

Pour réaliser des bagues fillettes, il vous suffit de créer des anneaux simples de 2 perles de rocaille à la taille du doigt et de réaliser des fleurs selon le principe du Trio de fleurs ou du Rameau fleuri. L'assemblage et la bordure sont réalisés à l'aide d'un fil noir comme pour les autres modèles.

VARIANTE : TRIO DE FLEURS***

FOURNITURES

- **75 perles de rocaille sable, 2 mm**
- **21 perles de rocaille roses, 2 mm**
- **3 perles rondes à facettes bleues, 4 mm**
- **Environ 50 cm de fil de laiton argenté, 0,25 mm**
- **Environ 1 m de fil de laiton noir, 0,25 mm**

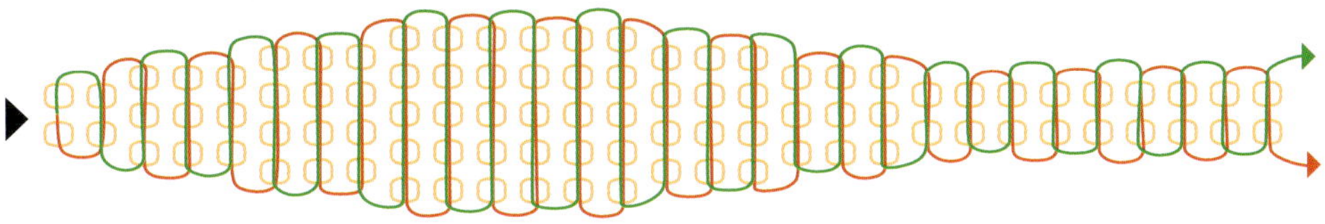

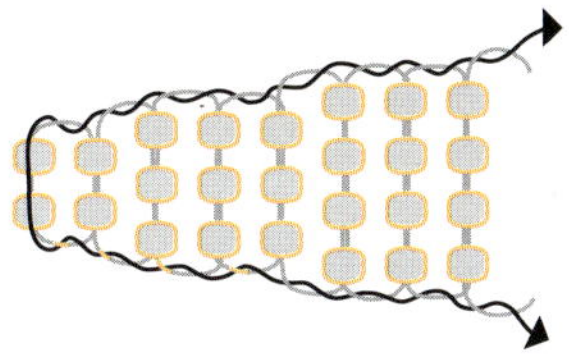

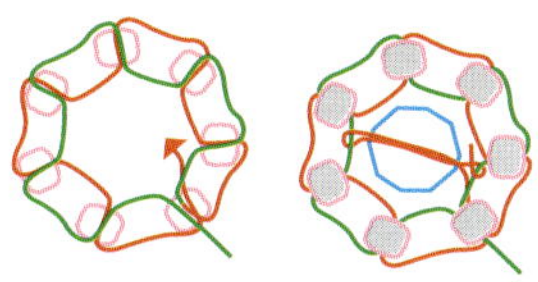

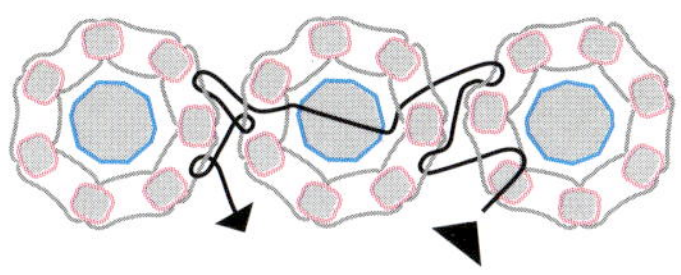

1. Réalisez un anneau avec des perles de rocaille sable et un fil de laiton argenté de 50 cm. Puis bordez l'anneau avec un fil de laiton noir.

2. Réalisez trois fleurs identiques avec des perles de rocaille roses de sept pétales et fixez en leur centre une perle à facettes bleue.

3. Cousez les trois fleurs ensemble avec un fil de laiton noir de 15 cm.

4. Assemblez les fleurs sur l'anneau avec un fil de laiton noir de 15 cm en prenant soin de disposer les fleurs sur la partie la plus large de l'anneau. Cousez en passant le fil à travers l'anneau tout en suivant le contour du motif.

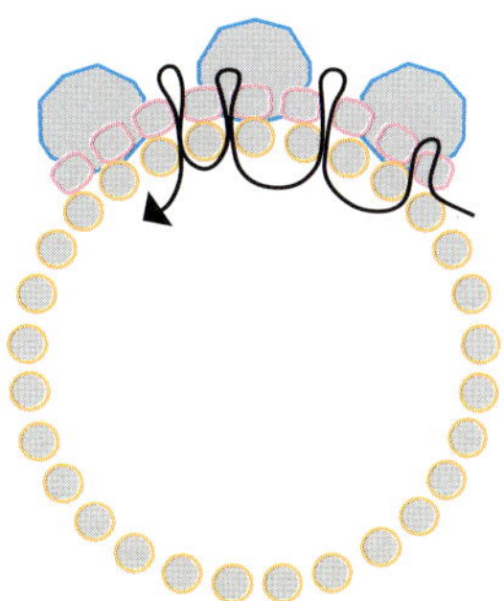

ASTER*

Un montage simple soulignant toute la naïveté de ce modèle, à personnaliser de fleurs à vos couleurs.

FOURNITURES

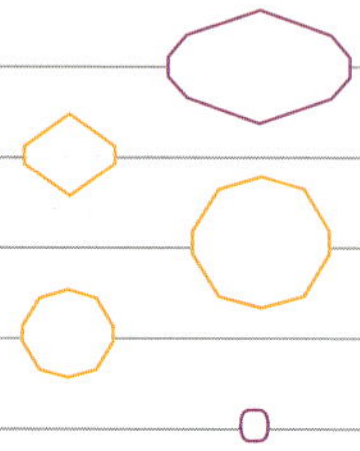

- 6 perles grain de riz, 7,5 x 5 mm
- 6 toupies cristal, 4 mm
- 1 perle ronde à facettes, 6 mm
- 6 à 10 perles à facettes, 4 mm
- 1 tube de perles de rocaille
- Environ 1 m de fil de Nylon, 0,25 mm

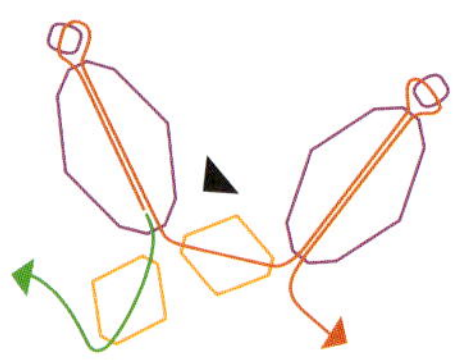

1

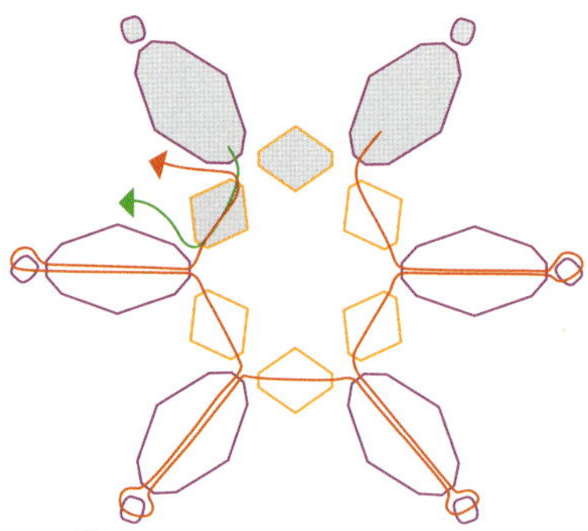

2

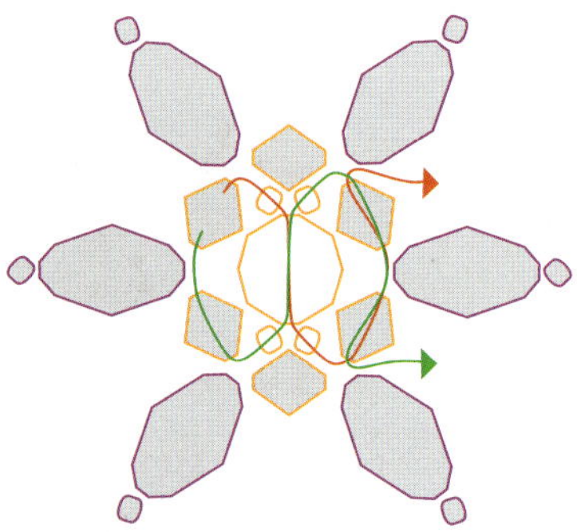

3 Glissez un des fils dans la toupie la plus proche puis poursuivez comme sur le schéma.

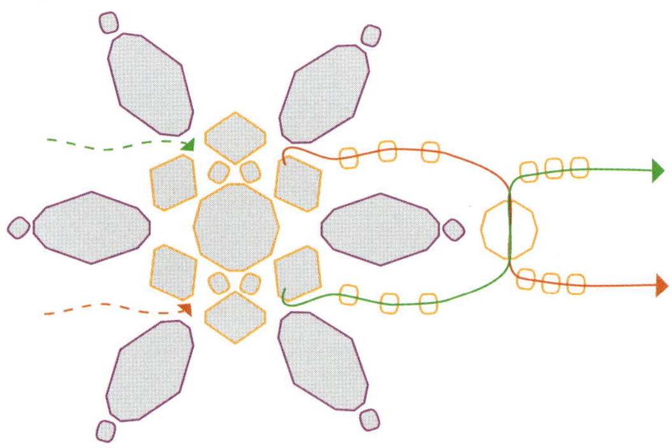

4

BAROQUES★★

Lignes pures, formes couvrantes, et perles audacieuses pour ces bagues destinées à être portées au majeur ou à l'auriculaire.

FOURNITURES DE LA **BAROQUE MAJEUR**

- **17 perles à facettes shadom cristal, 3 mm**
- **18 perles à facettes shadom cristal, 4 mm**
- **10 perles à facettes olivine aurore boréale, 6 mm**
- **1 perle à facettes topaze aurore boréale, 10 mm**
- **42 perles de rocaille jaune trou métal, 2,5 mm**
- **8 rondelles métal or, 6 mm**
- **2 rondelles strass jaune sur or, 6 mm**
- **Environ 80 cm de fil de laiton**

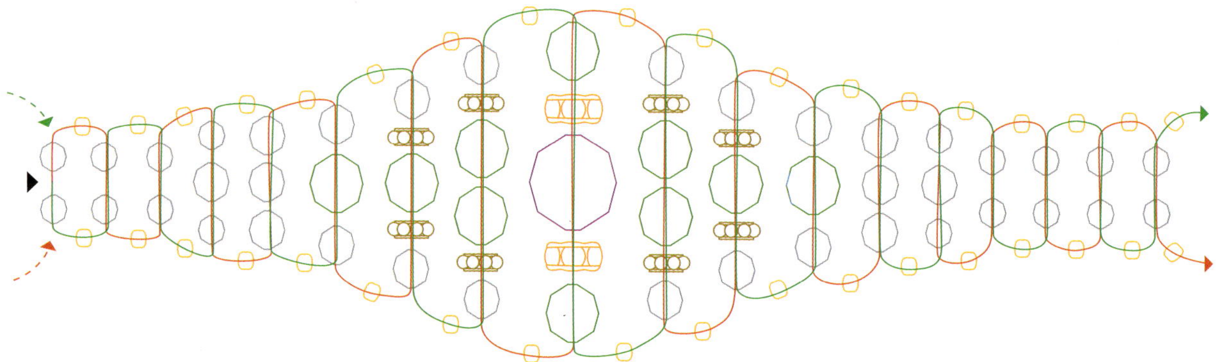

FOURNITURES DE LA **BAROQUE MINEUR**

- **38 perles rondes à facettes scarabée vert, 4 mm**
- **2 perles rondes à facettes scarabée vert, 6 mm**
- **1 perle ronde à facettes scarabée vert, 8 mm**
- **32 perles de rocaille métal argent, 2,5 mm**
- **2 rondelles strass cristal sur argent, 6 mm**
- **4 rondelles strass cristal sur argent, 4 mm**
- **Environ 80 cm de fil de laiton**

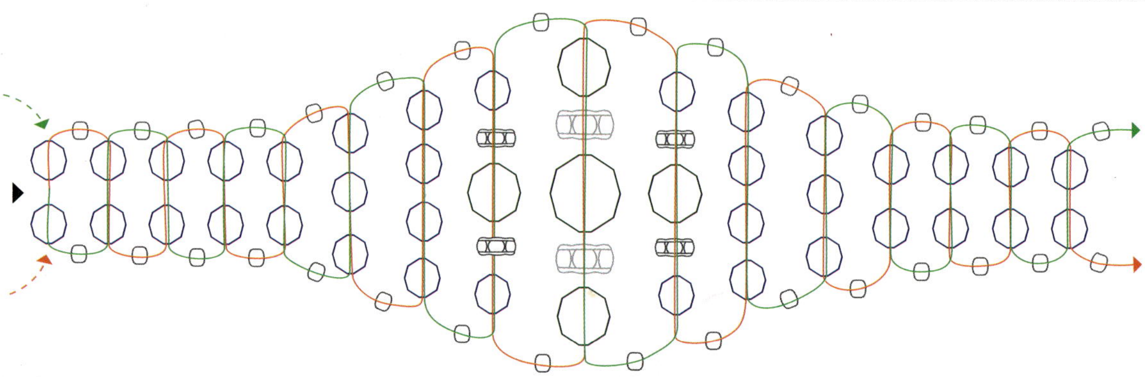

LOTUS*

Montage simple pour un effet spectaculaire, cette fleur aux mille éclats est faite pour éblouir.

FOURNITURES

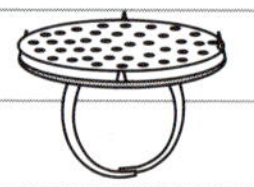

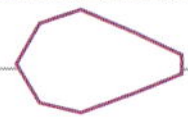

- **34 perles gouttes à facettes, 11 mm**
- **1 support de bague perforé en métal rond ou ovale**
- **Environ 1 m de fil de Nylon, 0,25 mm**

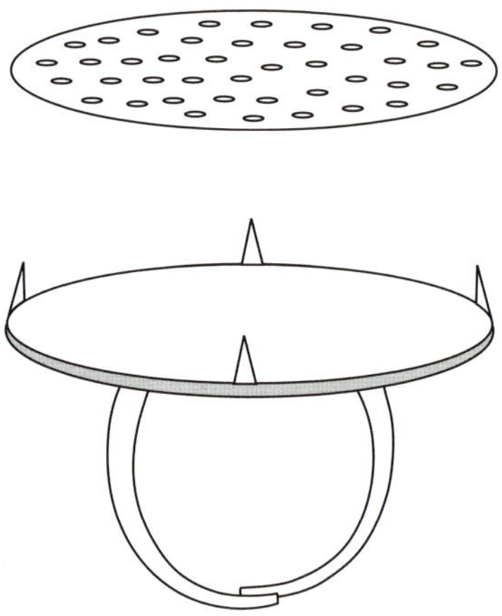

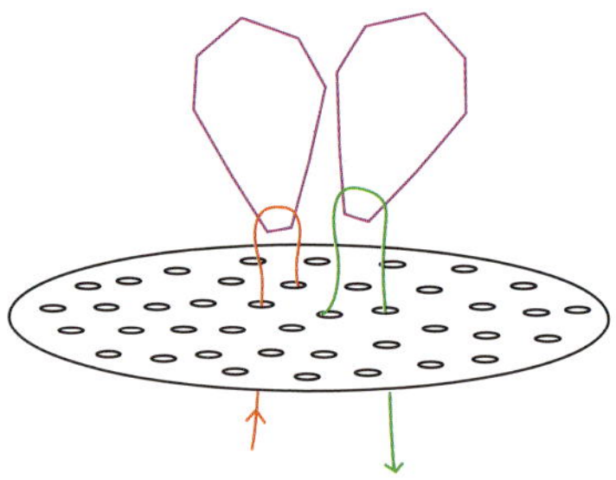

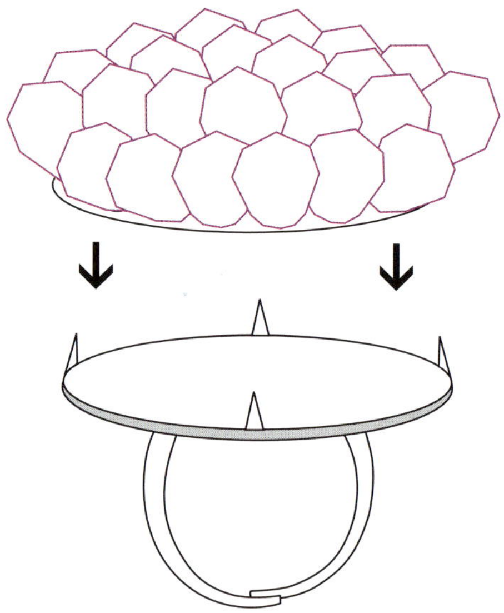

1. Prenez la partie perforée de la bague.

2. Commencez au centre de la plaquette en passant le fil dans un trou, et enfilez 1 perle goutte à facettes. Rattachez à la base en passant dans le trou suivant. Essayez de passer dans toutes les perforations afin de cacher la base et faites en sorte que la bague soit bien serrée.

3. La base couverte, nouez les fils en dessous et rentrez-les. Fixez ensuite le montage à l'anneau en refermant les griffes sur la plaquette.

Cette bague peut être aussi réalisée avec des perles gouttes sans facettes, sur un support rond ou ovale.

PETITES VIOLETTES★★

Petites fleurs automnales légères qui, avec quelques touches de couleurs vives, deviendront des fleurs à l'esthétique plus moderne.

FOURNITURES

- **7 toupies cristal, 6 mm**
- **8 toupies cristal, 4 mm**
- **6 à 10 perles à facettes, 4 mm**
- **1 tube de perles de rocaille**
- **Environ 1 m de fil de Nylon, 0,25 mm**

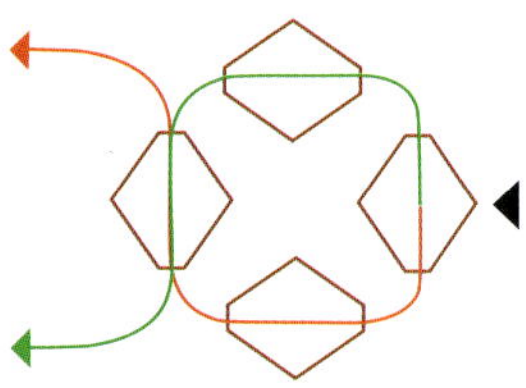

1

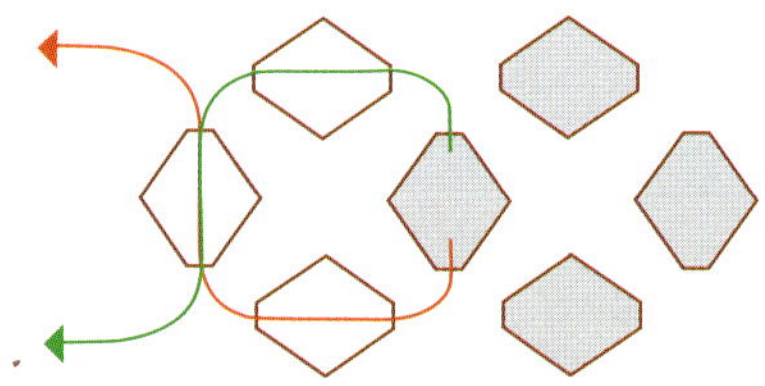

2

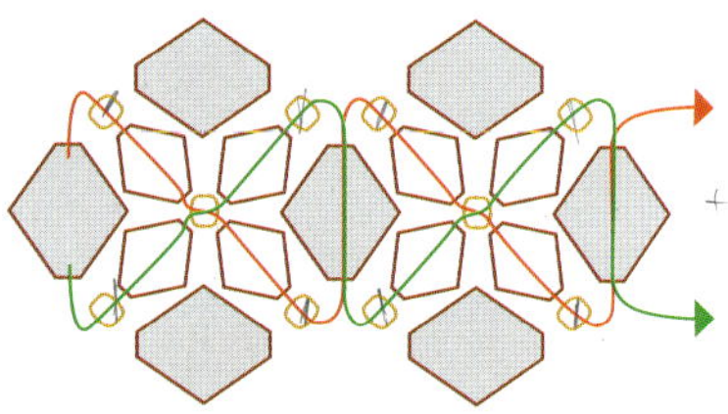

3

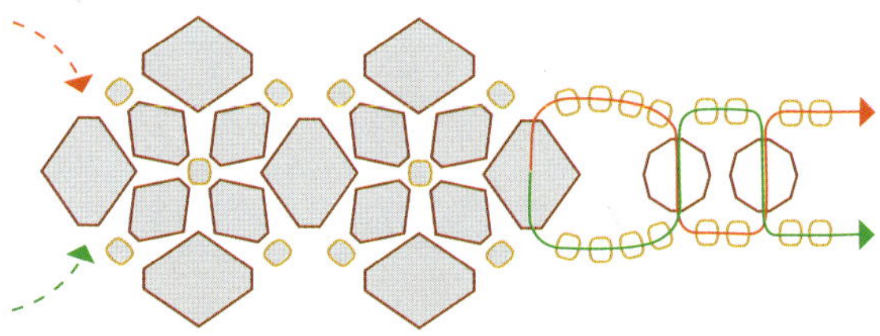

4

Achevé d'imprimer en avril 2005 sur les presses de Graficas Estella, Espagne.